I0154315

DISCOURS
PHILOSOPHIQUE

Sur les trois Principes, Animal,
Végétal, & Minéral.

TOME SECOND.

UNICURSAL

Copyright © 2018

Éditions Unicursal Publishers
www.unicursalpub.com

ISBN 978-2-89806-011-3

Première Édition, Samhain 2018

Tous droits réservés pour tous les pays.

DISCOURS

PHILOSOPHIQUE

SUR

LES TROIS PRINCIPES,

ANIMAL, VÉGÉTAL ET MINÉRAL.

O U

LA CLEF

DU SANCTUAIRE PHILOSOPHIQUE.

Par Sabine Stuart de Chevalier.

Cette Clef introduit celui qui la poſſede dans le ſanctuaire de la Nature ; elle en découvre les myſtères ; elle ſert en même tems à dévoiler les Écrits du célèbre Baſile Valentin, & à le défroquer de l'Ordre reſpectable des Bénédictins, en donnant la véritable explication des douze Clefs de ce Philoſophe ingénieux.

TOME SECOND.

A PARIS;

Chez Quillau, Libraire, rue Chriſtine, au Magaſin Littéraire, par Abonnement.

M. DCC. LXXXI.

Avec Approbation & Privilége du Roi.

DISCOURS

PHILOSOPHIQUE

Sur les trois Principes, Animal,
Végétal, & Minéral.

PRÉPARATION

DE LA TERRE DES PHILOSOPHES, POUR EN RETIRER LE SEL.

Les Philosophes n'ont jamais indiqué directement cette terre admirable ; toutes les fois qu'ils en ont parlé, ils ont toujours employé des allégories, des similitudes énigmatiques. Les Égyptiens ne l'ont jamais nommée, ni indiquée en aucune manière que par les figures hiéroglyphiques qu'ils gravaient sur le marbre. Le peuple n'avait pas la moindre connaissance de ces caractères ; les Sages, eux seuls, en avaient la clef.

Toute la doctrine qui est contenue dans tous les ouvrages d'Hermès est également contenue dans les caractères qui sont gravés sur les obélisques qu'on voit encore aujourd'hui à Rome. Tout le procédé du grand œuvre est représenté sur l'obélisque qui est sur la place du Peuple à Rome. Tout y est indiqué, depuis la calcination ou préparation de la matière jusqu'à la projection. La figure quarrée de cette masse énorme, sa forme pyramidale, représentent les quatre éléments ; toutes les opérations, le temps qu'il faut employer pendant la cuisson, tout y est expliqué, mais d'une manière bien plus obscure que dans tous les ouvrages des Philosophes anciens & modernes.

Depuis environ deux mille ans que ces obélisques sont à Rome, les Savants se sont efforcés, en vain, d'expliquer ces hiéroglyphes. Tous ceux qui connaissent le grand œuvre assurent que tous ces interprètes ont échoué & n'ont pas compris ce que si-

gnifie réellement une seule figure. Il n'y a
que ceux qui possèdent la médecine universelle qui soient en état de les comprendre.
L'ingénieux Polyphile a fait un gros volume,
où il désigne toutes les opérations avec tous
les détails ; il indique le sel des Philosophes
sous le nom de Polia avec laquelle il veut
se marier. Il parcourt des pays d'une grande étendue pour la trouver. Polia aime
Polyphile plus qu'aucun autre mortel, &
néanmoins elle le fuit. Enfin il a le bonheur
de la joindre ; il lui déclare son amour légi-
time ; elle a la cruauté de le laisser mourir à
ses pieds, pour avoir le plaisir de le ressusciter & l'épouser ensuite solennellement. Cet
ouvrage est tout allégorique.

Quelles connaissances les Lecteurs su-
perficiels peuvent-ils tirer de ces allégories ? Ils verront que Polia indique le sel des
Philosophes dont on doit tirer le mercure
philosophique ; mais en seront-ils plus avancés pour cela ?

Nous ne prétendons pas conseiller de
ne pas lire les ouvrages des Philosophes ; au
contraire, nous assurons qu'il est nécessaire
de les lire ; mais nous ajoutons, qu'il faut
s'adresser à Dieu en même temps, & le prier

de nous accorder les lumières qui nous sont nécessaires pour parvenir à la connaissance de cette terre philosophique, qui est la source de toute félicité. En demandant ainsi cette connaissance au Père des lumières, avec un cœur pur & des intentions légitimes, d'en user à la gloire de Dieu, au soulagement des pauvres, nous devons avoir une confiance parfaite, & nous serons éclairés.

Quand Dieu vous aura accordé les lumières nécessaires pour connaître la terre des Philosophes, vous la tirerez de sa minière vers l'équinoxe du mois de Septembre.

Dans le même temps, vous ferez une fosse dans un verger ou en un autre lieu où il règne un air libre. Il serait avantageux que cette fosse soit exposée au midi ou tout au moins au sud-ouest.

Elle doit avoir environ trois pieds de profondeur, autant de large, & une toise de longueur : vous la remplirez de terre philosophique : vous l'enfermerez avec une palissade de planches bien jointes l'une contre l'autre, tant pour empêcher qu'aucun animal ne puisse aller faire ses ordures sur cette terre, que pour la garantir de tout autre accident ; car la terre d'alentour ne doit point s'y introduire, & les ruisseaux qui se forment après les grandes pluies ne doivent point passer dessus. Si cela arrivait, l'eau entraînerait le sel volatil, même le sel fixe, & la terre philosophique perdrait sa vertu ; pour la lui conserver & augmenter, cette terre ne doit être mouillée par aucune autre eau que celle qui tombe directement du ciel sur la fosse.

La terre philosophique étant ainsi disposée, s'imprégnera abondamment de sel volatil & de toutes les autres influences célestes pendant tout le cours de l'hiver, tantôt par la rosée, tantôt par la pluie & par la neige.

Ensuite, vers le mois de Mai, ou tout au moins six mois après que vous aurez mis la terre philosophique dans la fosse, vous l'en retirerez pour la mettre dans des vaisseaux de terre larges & peu profonds, pour les exposer pendant la nuit au serein & aux rayons de la lune. Vous aurez soin de les rentrer tous les jours dans une chambre ou une remise pour les garantir des rayons du soleil vous les garantirez également des vents violents qui entraîneraient le sel volatil astral dont la terre philosophique est imprégnée.

Vous continuerez de l'exposer ainsi dès le premier de Mai jusqu'au premier d'Août.

La digestion de la terre philosophique qui se fait dans la fosse pendant l'hiver, n'est que pour rendre la matière plus parfaite : on pourrait se dispenser de la faire ; mais il faudrait doubler la seconde opération, c'est-à-dire qu'on pourrait exposer la terre dans des vases sur une terrasse dès le mois de Janvier, & l'on commencerait à les retirer pendant le jour, vers le mois de Mai.

Quand on veut retirer la terre philosophique de la fosse, où elle a passé l'hiver, il serait essentiel qu'il n'y eût pas plu depuis quinze jours ou trois semaines.

Si par hasard il arrivait que le printemps soit pluvieux, & qu'il n'y eût pas trois jours de suite sans pluie, on peut faire une petite cabane sur la fosse pour la garantir de la pluie & amener la terre au point où elle doit être pour l'en retirer.

Lors de l'extraction de la terre philosophique de la fosse, cette terre ne doit point être trop desséchée ni trop glutineuse ; elle doit tenir un juste milieu entre ces deux points, qui renferment l'esprit astral : à cette époque, l'eau du soleil est renfermée dans la terre philosophique, & l'eau de la lune y descendra en abondance en l'exposant au serein pendant les mois de Mai, de Juin & de Juillet; pour lors vous aurez l'azoth philosophique, ou la terre des Philosophes bien saturée de sel astral volatil, de sel central fixe de la terre, & de baume céleste, qui parfume toutes les plantes dans la saison du printemps.

Comme vous ne pourrez pas travailler toute cette terre en même temps, pour la conserver ou, pour mieux dire, pour lui faire retenir les choses précieuses qu'elle renferme, vous la mettrez dans des pots de grès que vous boucherez bien exactement, pour l'empêcher de se dessécher.

Prenez ensuite une grande cornue de verre & mettez de cette terre précieuse en quantité suffisante pour remplir les deux tiers du vaisseau; car si vous remplissez entièrement la cornue, les esprits puissants, qui sont renfermés dans la terre, n'ayant point d'espace pour circuler, elle se briserait infailliblement avec explosion adaptez ensuite un ample récipient qui doit être aussi de verre & bien lutté; un ballon d'un pied de diamètre serait meilleur.

Mettez la cornue sur le sable, & faites distiller avec un feu lent dans le commencement ; vous l'augmenterez insensiblement jusqu'à ce que le sable soit rouge, & vous verrez tout le sel volatil sublimé & attaché au col de la cornue. Vous détacherez doucement ce sel volatil avec une plume, & le renfermerez soigneusement dans une bouteille.

Cohobez la liqueur distillée sur la résidence ; refermez le vase avec un chapiteau aveugle, & mettez-le dans le fumier de cheval pour faire fermenter, circuler, résoudre & digérer la matière pendant six semaines, au bout desquelles vous ferez distiller la liqueur comme la première fois ; vous pourrez recueillir encore du sel volatil, mais en plus petite quantité qu'à la première opération.

Cohobez encore la liqueur distillée comme ci-dessus ; refermez le vase & mettez-le dans le fumier de cheval pendant six semaines, au bout desquelles vous distillerez l'esprit & le rectifierez jusqu'à sept fois, au bain-marie, dans un alambic de verre : vous séparerez les flegmes, & ferez monter la partie de sel fixe qui aura été volatilisée ; vous rejoindrez le tout ensemble, c'est-à-dire le sel fixe & le sel fixe volatilisé ; vous le ferez circuler au bain-marie, vaporeux, pendant huit jours.

Vous briserez ensuite la cornue de verre pour en retirer la tête morte qu'il faut piler dans un mortier, & en extraire le sel fixe en lessivant avec le flegme que vous avez séparé en rectifiant l'esprit.

On voit, par ce que nous venons de dire, que la terre philosophique contient tout ce qui lui est nécessaire ; c'est pourquoi il ne faut jamais y ajouter la moindre chose qui soit hétérogène : si cela arrivait, on perdrait toute la matière.

Après avoir bien lessivé le résidu dont nous venons de parler, vous filtrerez la lessive & la ferez évaporer. Vous trouverez un sel fixe aussi blanc que la neige au fond du vase. Vous rectifierez ce sel en le faisant dissoudre à l'air & en le coagulant plusieurs fois ; vous le ferez cristalliser après la vingtième dissolution & coagulation.

Réunissez ensuite ce sel cristallin avec l'esprit rectifié ; observez les poids & proportion philosophiques qui consistent en ce qu'il faut donner de l'esprit au sel cristallisé, autant qu'il en pourra boire. Une once de sel fixe absorbe ordinairement dix onces d'esprit rectifié.

Mettez ce mélange d'esprit volatil ; rectifié & de sel fixe dans une cornue de verre bien lutée, & faites distiller selon l'art ; mais prenez garde de trop augmenter le feu dans le commencement ; car les esprits sont puissants & brûlants sans être destructeurs, & le vase de verre est bien fragile. Quand tous les esprits paraîtront avoir été distillés, vous augmenterez le feu pour distiller jusqu'à siccité.

Cohobez ensuite la liqueur distillée sur la résidence, & répétez cette opération jusqu'à ce que l'esprit soit converti en une liqueur laiteuse, qui se coagulera au froid & se fondra, comme la cire, à une chaleur douce, sans fumée. Les esprits seront réduits à ce point de perfection après la septième distillation ; mais il ne faut pas oublier qu'il est très essentiel de les cohober constamment sur le même résidu d'où ils sont sortis.

Pour rendre la liqueur plus parfaite, vous la rectifierez encore quelquefois afin de bien conjoindre le sel fixe avec le sel volatil.

Après cette opération, vous aurez accompli la première partie du magistère, qui est la plus difficile. A cette époque vous pouvez vous flatter de posséder l'or crud des Philosophes ; la seconde partie de l'œuvre est bien moins pénible, parce que tout le travail consiste dans une simple digestion bénigne ; mais si le travail n'est pas si pénible, il est beaucoup plus long.

La liqueur étant bien purgée de toutes ses impuretés terrestres & hétérogènes par le moyen des distillations, dissolutions, digestions & rectifications réitérées ; après avoir conjoint la partie volatile fixée, avec la partie fixe volatilisée, il ne vous reste autre chose à faire qu'une douce circulation pour convertir toute la matière en teinture universelle ou en véritable quintessence.

Vous mettrez une partie de cette liqueur dans un vase philosophique que vous fermerez hermétiquement & que vous placerez au bain vaporeux ou au bain-marie. Vous observerez que les deux tiers du vase doivent rester vides ; faites un feu gradué pour faire digérer & circuler la matière qui prendra toutes les positions imaginables. Elle montera & descendra, se divisera comme des atomes volatils, jusqu'à ce qu'il y ait une parfaite union entre eux & qu'ils soient tous rassemblés au fond du vase. Quelque temps après, vous verrez paraître la matière comme de la poix noire fondue, & vous serez étonné de voir qu'une chose si purifiée puisse déposer tant de malpropretés ; vous devez vous réjouir, quand vous verrez paraître cette noirceur, parce qu'elle sera suivie de la blancheur & du rouge parfait.

Vous verrez paraître beaucoup d'autres couleurs intermédiaires, comme la queue de paon après la noirceur, l'iris après le blanc, &c.

Aussitôt que vous aurez vu sortir la tête du corbeau, vous augmenterez le feu d'un demi-degré ; quand la matière tournera au blanc vous aurez l'occasion de repaître vos yeux des plus belles choses qui soient dans le monde. La terre blanche feuillée sera semée d'une infinité de paillettes blanches éblouissantes & artistement arrangées. Vous verrez aussi à travers le verre un grand nombre de perles orientales infiniment plus brillantes que les naturelles.

Ayant ainsi fait parvenir votre médecine au blanc parfait, vous aurez un élixir dont un grain guérit radicalement toutes les maladies. Et si on en projette sur les métaux imparfaits, ils se convertissent en argent meilleur que celui de coupelle.

A cette époque, vous augmenterez le feu d'un degré successivement ; cette blancheur se changera en un beau jaune tirant sur le rouge ; & quand la matière sera au degré de perfection, elle sera d'un rouge parfait, & se formera en corpuscules globuleux qui brille-ront comme des rubis.

Voilà l'accomplissement du magistère pour guérir toutes les maladies du corps hu-main & pour convertir tous les métaux en or parfait. Ce que nous n'expliquons point ici n'est point inconnu aux Philosophes.

Nous répétons encore qu'il faut bien connaître la terre ou l'azoth des Philosophes avant de commencer l'opération, & pour faciliter la connaissance de cette matière, nous rapporterons un passage de Basile Valentin à ce sujet. Cette matière, dit ce Philosophe, est une substance moyenne en-tre le métal & le mercure ; elle se liquéfie au feu comme un métal. Il est évident par ce que nous venons de dire que la matière dont on fait la pierre philosophale est une substance métallique ; c'est pourquoi, quand nous faisons des recherches, nous ne devons jamais sortir du règne minéral; car celui qui veut moissonner du froment doit semer du froment; & par la même raison, quiconque veut moissonner de l'or ou de l'argent doit semer de l'or ou de l'argent.

Les Philosophes n'ont jamais déterminé le temps qu'il faut employer pour arriver à ces îles fortunées. Mais nous pouvons assurer, qu'il faut au moins un an pour faire toutes les opérations, à compter depuis la calcination de la matière jusqu'à la projection.

Quand on nous dit qu'il faut un an pour faire l'opération, nous supposons qu'elle sera entreprise par un Artiste intelligent; car si l'on n'est pas sûr dans tous les travaux du magistère, on n'en sera pas plus avancé, quoiqu'on connaisse parfaitement la matière; les accessoires sont également aussi essentiels à connaître que la matière, puisque plusieurs Philosophes ont travaillé pendant quinze ans avec l'azoth, avant de pouvoir réussir, & des milliers de bons Chimistes ont travaillé pendant trente, quarante, cinquante & soixante ans & même jusqu'à la fin de leurs jours, avec la véritable & unique matière de la pierre philosophale, sans pouvoir en retirer le moindre avantage.

Cela prouve bien évidemment que cette science est un don de Dieu, & qu'il faut la lui demander avec un cœur pur & sincère, si l'on veut l'obtenir.

Le succès dépend d'une infinité de choses auxquelles l'Artiste doit être attentif. Il doit savoir régler le feu, d'après l'apparition de la tête du corbeau & de toutes les autres couleurs qui toutes indiquent & exigent absolument un régime particulier dont il ne faut jamais s'éloigner.

Aussitôt que la tête du corbeau commence à paraître, il faut faire un feu extrêmement doux, & ne point l'augmenter avant d'avoir vu le noir parfait. A cette époque, on l'augmente d'un demi-degré, où il faut le laisser jusqu'à ce que le blanc soit passé ; pour lors, il faut encore l'augmenter avec beaucoup de précautions, & le continuer ainsi jusqu'à la fin de l'opération.

L'on ne craint point de faire cuire la teinture ; car plus elle sera cuite, plus elle sera parfaite ; mais il faut beaucoup de temps pour fixer les parties volatiles & les rendre en leur état naturel.

Si l'on augmente le feu tout à coup, la matière qui est une véritable quintessence métallique s'amollit, les esprits s'agitent & font briser le vase dont les éclats peuvent tuer l'Artiste, qui peut être aussi empoisonné par l'odeur de la matière, surtout si cela arrivait pendant la putréfaction.

Tous les Philosophes sont d'accord que la matière de leur pierre ou leur azoth, brut, en sortant de la minière, est un poison mortifère, qui a fait mourir beaucoup de personnes ; cette même matière est encore bien plus venimeuse quand elle a passé par le feu, où elle développe son poison, qui, au lieu de perdre quelque chose de sa mauvaise qualité, devient bien plus puissant. Les Philosophes nous en ont assez averti, en comparant la matière de la pierre, lorsqu'elle est en putréfaction, au venin de la vipère.

Après de pareils avis, l'Artiste prudent ne doit jamais entrer dans son laboratoire, sans être muni de contrepoison, en cas d'accident.

Quand les Philosophes ont dit que la seconde partie de l'opération de la pierre était l'ouvrage des femmes & le jeu des enfants, ils ont dit la vérité ; mais avec tout cela, il faut toujours un Artiste intelligent, assidu,

& qui ait beaucoup de patience ; car il ne faut point ignorer les règles de l'art pour gouverner le feu, dont le succès de l'opération dépend pour la plus grande partie.

Je pense qu'on ferait très bien de mouiller les charbons avant de les jeter dans le fourneau ; cela ne peut manquer de produire un très bon effet ; car si l'on ne mouille pas les charbons, du moins en partie, ils s'allument tout à coup, & occasionnent une augmentation subite de chaleur, qui fait presque toujours briser les vaisseaux, qui ne peuvent être que de verre fragile.

Faber dit qu'il préfère la digestion humide à la sèche, & qu'il vaut mieux faire la circulation au bain-marie que sur le sable ou sur les cendres.

J'ai connu un Philosophe qui, après avoir mis la matière dans l'œuf philosophique, le plaçait dans un vase de bois qu'il arrangeait sur un trépied dans un alambic de cuivre fort élevé. Le fond du vase de bois était éloigné de deux pouces de la superficie de l'eau. Quand l'alambic était fermé, il circulait une chaleur douce autour du vase qui se trouvait au même degré de chaleur que l'œuf qui est sous la poule qui couve.

Un Chimiste me communiqua un jour comme un secret de la plus grande importance, qu'il n'employait qu'un feu de lampe pour prévenir la rupture des vases, & pour empêcher qu'aucune matière hétérogène n'entrât dans le vase à travers les pores du verre.

Tous les Philosophes abhorrent le feu actuel à cause de sa violence ; ils emploient ordinairement & avec plus de sûreté leur feu froid & humide. Ils disent que toutes leurs fermentations se font par le moyen de certains mélanges à froid, & que cette voie est beaucoup moins dangereuse qu'avec le feu de lampe dont la violence fait briser les vaisseaux à chaque instant.

Beccher a assez bien décrit tous les degrés de feu, à la page 494 & suivantes du premier volume de ses ouvrages.

La terre des Philosophes doit être préparée par un Artiste intelligent. Il faut en extraire la quintessence sans y rien ajouter d'hétérogène. L'or & l'argent vulgaires qu'il faut faire dissoudre dans le mercure philosophique pour faire la pierre, étant de la même nature que la terre ou azoth des Philosophes, ne doivent point être regardés comme étrangers à la matière ; mais avant que d'employer ces deux luminaires, il faut les purifier, les calciner les ouvrir pour les réincruder, pour en faciliter la dissolution & développer les germes propagatifs qu'ils contiennent.

L'or & l'argent sont comme les mobiles de tous les métaux inférieurs ; & voici la méthode qu'on doit suivre quand il est question de les réincruder.

Avant achevé la première opération ou la première partie du magistère vous prendrez dix parties de liqueur laiteuse, & vous y ajouterez deux parties d'or si vous voulez faire la médecine pour le rouge. Si vous voulez la faire pour le blanc, vous y ajouterez deux parties d'argent de coupelle, l'un & l'autre doivent être réduits en limaille ou en feuilles très minces, pour aider la nature dans ses opérations, & accélérer la dissolution.

Si vous voulez faire une médecine pour le rouge vous ferez fondre avec de l'antimoine crud, l'or pur que vous voulez employer pour le ferment. Vous le tiendrez en fusion pendant quatre heures, & le verserez dans une lingotière.

L'or ne s'amalgame & ne s'incorpore jamais avec l'antimoine, il attire seulement tout l'alliage qu'il peut contenir. Prenez ensuite votre lingot quand il sera refroidi, frappez-le sur une enclume à coups de marteau, l'antimoine tombera en poudre, & votre or restera pur en une masse spongieuse ; mettez ensuite votre or dans un creuset, faites-le rougir sans le faire fondre : faites chauffer en même temps quatre fois autant pesant de mercure vulgaire, & jetez-le sur l'or, qui, pour lors, se fondra comme de la glace dans l'eau bouillante.

Tandis que votre amalgame sera encore chaud, vous verserez de bon esprit de vin dessus, à la hauteur de quatre doigts. Vous mettrez le tout dans une cornue avec son récipient, bien luté, & vous ferez distiller l'esprit de vin & le mercure : vous trouverez votre or réduit en poudre ouverte au fond du vase. Cette poudre est disposée à se dissoudre & s'incorporer dans le mercure philosophique, pour faire la médecine universelle.

Mais je préférerais le sable d'or des Indes Orientales, parce qu'il est volatil & contient un soufre naturel qui est infiniment plus disposé à s'incorporer que l'or purifié par l'antimoine avec lequel il est très difficile de réussir.

Après avoir fait votre amalgame avec de l'or ou de l'argent, vous le ferez passer par la roue philosophique, selon les règles de l'Art ; si, au bout de deux mois, il arrivait que votre ferment ne soit pas entièrement dissout, vous y ajouteriez un peu de menstrue, & vous feriez digérer pendant deux autres mois, ou jusqu'à ce que votre poudre ou sable d'or soit entièrement dissout, & que le tout soit converti en teinture parfaite, que vous pourrez multiplier à l'infini de la manière suivante, que j'ai apprise d'un adepte Italien.

Prenez une partie de votre teinture rouge ou blanche, ajoutez-y dix parties de la liqueur laiteuse qui le liquéfie à une chaleur douce, & qui se coagule aussitôt qu'elle sent le moindre frais, dont nous avons donné la composition dans la première partie du présent procédé. Mettez-le tout dans l'œuf philosophique, fermé hermétiquement ; placez le vase, en digestion, au bain vaporeux, comme nous l'avons dit ci-dessus, au bout de trois semaines ou environ, tout votre mélange sera converti en teinture parfaite.

Vous aurez soin de faire un feu très lent dans le commencement de la digestion, & vers le quinzième jour, vous l'augmenterez jusqu'à faire bouillir l'eau pour accélérer la fixation parfaite.

Quand vous aurez fait cette multiplication de teinture, vous pourrez la multiplier encore en quantité & en vertu.

Vous pourrez répéter plusieurs fois cette opération, en ajoutant chaque fois dix parties de la liqueur laiteuse pour une partie de teinture.

En réitérant ainsi plusieurs fois l'incération, vous conduirez votre teinture à un degré de perfection qu'il n'est pas possible d'exprimer ; car elle a la vertu de convertir en or ou en argent tous les corps imparfaits, selon sa spécification ; mais cet avantage n'est que fumée en comparaison des autres vertus qu'elle renferme ; car elle guérit radicalement, comme par miracle, toutes les maladies. Elle a encore une infinité d'autres propriétés que je ne puis décrire.

La teinture blanche est aussi une excellente médecine, mais la rouge a beaucoup plus de vertu : on en prend en plus petite dose que de la blanche, & plus rarement ;

mais si c'est pour guérir une maladie grave, on en prend de deux jours l'un, pendant douze jours, & l'on le trouve radicalement guéri.

Si l'on emploie cette admirable teinture pour la conversion des métaux imparfaits en or ou en argent, un grain suffit pour en convertir plusieurs onces, pourvu qu'on ait fait subir, à cette même teinture, l'opération de la conjonction & de la fixation, & pourvu que les métaux imparfaits, qu'on veut transmuer, soient en fusion.

Cette même teinture sert aussi pour convertir en pierres précieuses, en rubis, & en topazes, les pierres brutes, ainsi que les cristaux ordinaires.

Elle tire promptement la teinture du coral, celle de l'or & de l'argent, des perles, de l'antimoine, ce qu'aucune autre liqueur ne peut faire que d'une manière très imparfaite.

Si l'on fait dissoudre de la teinture blanche, ou de la rouge, dans de l'eau de pluie, pour en arroser les arbres, les plantes, les fleurs paraîtront promptement, les fruits seront précoces, & auront un goût balsamique admirable ; les vieux arbres reprendront

un nouvel accroissement, & pousseront une
grande quantité de rejetons vigoureux.

En un mot, c'est le remède universel
qui guérit généralement toutes les créatu-
res de toutes les maladies auxquelles elles
sont sujettes ; il restitue l'humide radical &
la chaleur naturelle éteinte par la corruption de la malle du sang qu'il renouvelle ;
il ranime tous les esprits, porte un baume
dans le sang dont il rétablit la circulation
interrompue par l'obstruction des viscères
& des glandes.

Toutes ces merveilles s'opèrent dans le
corps humain, par le moyen d'une chaleur
naturelle analogue à la Nature qui reprend
aussitôt toutes ces fonctions.

La médecine universelle agit dans le corps
humain, de la même manière que le soleil
agit sur la rosée ou sur l'eau de pluie, où il
concentre les atomes aériens qui conservent
tous les êtres dans leur vigueur naturelle, les
féconde, les nourrit comme fait la médecine
universelle, qui, par la permission de Dieu,
prolonge la vie de l'homme, rétablit la jeu-
nesse ; c'est une médecine céleste, dit Basile
Valentin, qui frappe & guérit ; c'est l'arbitre
de la vie & de la mort, que Dieu a créé en

faveur des hommes qui voudront la mériter,
en se conformant à la morale de l'Évangile.

Les effets merveilleux que produit cette
médecine, ne sont point contraires à ce que
nous lisons dans le chap. 14 du livre de Job,
où il est dit que Dieu a posé un terme à la
vie de l'homme. Il est certain que celui qui
n'aura pas le bonheur de posséder cette divine médecine, mourra selon le cours ordi-
naire de la Nature ; mais celui à qui Dieu
aura accordé ce précieux trésor, doit être
excepté de la règle générale ; car rien n'arrive que par la permission de Dieu, qui a
attaché une vertu miraculeuse à cette médecine céleste.

Il est indubitable que Dieu connaît le
genre de mort dont nous devons mourir, &
qu'il n'est pas possible de le retarder sans sa
permission ; mais nous pouvons employer
les causes secondes & éviter les excès.

Dieu peut, s'il le juge à propos, accorder une triple durée de vie à un homme, ou
faire qu'il puisse vivre aussi longtemps qu'il
conservera son corps en état de vivre ; parce qu'il a reçu du Créateur, le libre-arbitre,
pour se comporter comme il voudra dans le
monde, se réservant d'ailleurs, pour l'autre

vie, de le récompenser ou de le punir selon ses œuvres.

Celui qui ne voudrait pas modérer ses passions, qui voudrait se livrer à tous les excès, ou s'exposerait témérairement & sans nécessité à un danger inévitable, abrégerait ses jours, & rendrait vains & inutiles tous les remèdes ordinaires. Celui qui mènerait une vie pareille, serait sans doute accablé d'infirmités, & comme cassé de vieillesse à la fleur de son âge : Dieu, pour l'attendre à repentance, lui accorde une prolongation de vie ; d'autres fois, il abrège ses jours pour le punir de ses péchés dès cette vie, ou pour mieux dire, Dieu permet qu'un méchant homme, un impie, abrège ses jours lui-même. En un mot, il est évident que Dieu nous a donné un moyen de retarder la mort, & de conserver notre esprit sain dans un corps sain.

Tous les Philosophes ont décrit cette matière conservatrice sous des noms allégoriques, énigmatiques, & s'ils l'ont donné à flairer, ce n'est que sur la fin de l'opération, ou dans le second ordre.

Plusieurs Chimistes ont cherché cette teinture dans un sujet où elle était bien éloignée, & même dans un corps fixe d'où il n'était pas possible de la tirer ; ou ils n'avaient pas le véritable moyen de l'extraire, ou enfin Dieu a permis qu'ils manquassent l'opération, parce qu'il voyait, par sa toute-puissance, qu'ils en feraient un damnable usage.

La médecine universelle contient un baume céleste qui est analogue avec notre esprit vital ; mais il faut une main philosophique pour extraire, cuire, & conduire ce baume au degré de maturité qui lui est absolument nécessaire pour opérer ses effets.

Les eaux stagnantes & croupissantes & même les plus corrompues sont purifiées par l'eau du Ciel, d'où elles proviennent ; ces deux mots renferment une grande vérité & peuvent procurer de grandes lumières.

C'est une expression impropre, de dire que la teinture universelle opère la transmutation des métaux ; il vaudrait beaucoup mieux dire, qu'elle mûrit les corps imparfaits & les exalte, parce que tous les métaux sont analogues entre eux & ne diffèrent les uns des autres que d'un seul degré plus ou moins éloigné : on peut leur communiquer ce degré par le moyen de l'Art ; la raison & l'expérience sont deux choses nécessaires pour acquérir ces trésors incomparables.

Cette teinture universelle se tire des premiers principes universaux de toute chose qui existe dans le monde par les influences des astres, qui, par leur disposition, causent la végétation, la vie & la mort.

Toutes les choses sublunaires sont exposées à de pareilles vicissitudes ; les astres nous présentent des remèdes pour guérir tous les maux qu'ils nous causent.

La teinture universelle brillera aussi longtemps que l'harmonie établie entre les astres subsistera ; & rien ne pourra jamais altérer cette teinture qu'un bouleversement général.

Rien n'est plus absurde que le raisonnement de ceux qui nient l'existence d'un seul remède pour guérir toutes les maladies qui proviennent d'un sang corrompu ou vicié ; remettez ce fluide dans son état naturel, & le corps dans lequel il circule sera guéri. La teinture universelle seule, peut ainsi rétablir le corps humain, ou elle agit comme une huile bien pure dans une lampe ; la teinture universelle brûle tandis qu'elle a un aliment, & quand cet aliment, ou pour mieux dire, quand les humeurs hétérogènes manquent, la lampe, l'huile, ou le feu universel s'éteint

dans le corps humain, sans toucher les parties saines sur lesquelles il peut tomber : il
maintient le feu vital, & entretient les esprits à l'entour du cœur, où il répand une
vertu balsamique, qui se distribue ensuite
dans toute la masse du sang, qui se renouvelle entièrement, & chaque membre du
corps reçoit une nouvelle force pour repren-
dre les fonctions que les maladies & l'âge lui
avaient fait interrompre.

Le vin, par exemple, opère toujours son
effet, lorsqu'il est pris en quantité convenable ; mais lorsqu'il est pris en trop grande
quantité, il opère des effets contraires, & selon la disposition de celui qui le boit.

Quand un homme est ivre, son génie &
son caractère se développent ; voilà pourquoi l'on voit des ivrognes qui sont pleins
de joie, tandis que d'autres sont tristes &
assoupis. Dans d'autres, il opère des effets
cruels, barbares, impies & infâmes.

Par la même raison, quand la teinture
universelle est prise en quantité convenable, elle opère toujours des effets salutaires,
mais elle a ce triple avantage d'opérer les
mêmes merveilles dans les trois règnes.

Il existe un secret particulier qu'on compose avec des sels, pour convertir tous les métaux imparfaits en or & en argent.

Les impies & les libertins ne doivent point prétendre parvenir à la connaissance de cette science divine, parce que Dieu seul est le scrutateur des cœurs, & il ne permettra jamais qu'ils réussissent, tandis qu'au contraire il conduira ceux qui le craignent jusqu'à la porte de ce trésor, & leur mettra la clef en main pour l'ouvrir; mais avec tout cela, il faut travailler après l'avoir prié; car les élus même ne recevront pas ce don céleste, s'ils dorment tandis qu'ils devraient travailler.

Quand vous voudrez travailler à cette admirable teinture, vous prendrez deux onces de mercure, d'antimoine, & une once de chaux d'or; mais souvenez-vous que nous parlons ici de l'antimoine philosophique & non du vulgaire; broyez le tout dans un mortier de porphyre, & mettez-le dans l'œuf philosophique, lequel vous scellerez hermétiquement; placez votre vase sur un feu de sable très doux, & faites cuire la matière pendant neuf mois; mais ayez la précaution de faire un feu gradué selon la disposition de la matière ; car l'œuf peut se briser au bout de huit mois comme le jour qu'il est mis en circulation.

Les Chinois ont fait beaucoup de progrès dans cette science divine ; leur Empereur Hiao a eu le bonheur de découvrir la médecine universelle, par le moyen de laquelle il a vécu si longtemps qu'on l'a cru immortel.

Le continent Austral n'est pas encore connu, parce que la boussole ne sert plus de rien quand on est parvenu à une certaine hauteur, où les Pilotes commencent à ne plus savoir où ils vont. Dieu a sans doute réservé cette connaissance pour des temps à venir, que nos descendants pourront voir.

Il en est de même de la Province ou du Continent philosophique, il n'existe aucune boussole pour diriger les pas de ceux qui le cherchent ; c'est pourquoi il faut prier Dieu de vouloir bien être notre guide ; si nous lui demandons cette grâce avec un cœur pur, avec l'intention de soulager le prochain dans toutes les adversités, en renonçant nous-mêmes aux richesses que nous pourrions acquérir par le moyen de la médecine universelle, avec ces dispositions, nous obtiendrons sans doute l'effet de notre demande.

Voici enfin la déclaration de la matière de la teinture universelle en termes clairs, intelligibles & conformes à la vérité, ainsi qu'en termes obscurs, énigmatiques, emblématiques, & en caractères hiéroglyphiques, comme Dieu veut que cela soit afin que les choses divines ne tombent jamais entre les mains des impies.

O! vous tous avares ambitieux, pauvres Alchimistes & Chimiastres, qui végétez dans un misérable laboratoire, où l'envie d'acquérir la teinture universelle vous fait sécher à la fumée de mille poisons, vous ne serez heureux qu'après avoir trouvé le véritable poison mortel qui donne la mort aux ignorants, & fait vivre longtemps les véritables enfants de l'Art!

O! vous tous qui avez une soif dévorante & une faim canine d'or & d'argent, ouvrez les oreilles & écoutez encore attentivement ce que nous allons dire. Si vous nous avez compris, & si vous nous faites la grâce de nous croire, vous pourrez vous procurer quelques moments de repos. Vous ne manipulerez plus tant d'ordures & de cadavres puants. Vous ne chercherez plus ce trésor dans les herbes, vous ne vous dessécherez plus les poumons en brûlant des tas énormes de charbons ; vous reconnaîtrez, si Dieu vous est propice, qu'il faut du charbon, mais qu'il n'en faut pas tant que vous pensez. Vous ne vous rôtirez plus, comme vous faites : vous reconnaîtrez que vous pourrez guérir tous les maux avec une seule médecine qu'on fait avec une seule substance métallique ; mais il n'est pas facile de composer cette médecine ; c'est un oiseau que vous devez prendre au vol avec le filet d'Hermès, & c'est vous-même qui devez faire ce filet.

Mais parlons clairement & sans énigmes : la médecine se fait avec une seule substance métallique, qui contient tout ce qui lui est nécessaire pour se suffire à elle-même, sans lui rien ajouter d'étranger ; mais si vous voulez qu'elle soit en état de donner des secours à ses frères qui sont au nombre de six, il faut lui donner un aliment pour lui procurer des forces, & cette nourriture doit être analogue à sa substance. Voilà déjà deux choses que vous devez savoir. Vous devez ensuite connaître le feu & la manière de le gouverner selon la disposition de la matière. Le vase philosophique est aussi un point essentiel ; car si vous n'en connaissez

pas la matière & la forme, vous ne pourrez
jamais réussir; mais ce n'est pas encore tout.
Il est aussi absolument nécessaire de connaître l'année philosophique & ses quatre saisons pour vendanger les raisins hermétiques
à leur point de maturité pour en faire un
élixir; car si vous cueillez ces raisins tandis
qu'ils sont en fleurs ou en verjus, vous n'en
ferez jamais rien de bon; au lieu d'engendrer l'oiseau d'Hermès, vous n'engendrerez
que des scorpions, si vous ne savez faire la
vendange hermétique dans son temps pré-
cis.

La Physique naturelle vous apprendra à
connaître tous ces temps, toutes ces saisons
de l'année philosophique. Ce petit Traité
renferme tout ce qu'on peut dire de plus
clair & d'intelligible sur ce sujet; & si l'on
compare ce que nous avons dit avec tous les
ouvrages des Philosophes, on reconnaîtra
que nous avons parlé clairement.

Nous devons imiter saint Paul en pu-
bliant les grâces que Dieu nous a faites, &
ne point imiter le mauvais serviteur qui en-
fouit son trésor dans la terre.

Plusieurs Alchimistes mettent toute
leur confiance dans l'or seul, parce qu'il est

le roi des métaux, le vrai soleil & le phos-
phore parfait. Il est vrai que l'or contient un
baume céleste, incomparable, qui a la vertu
de rétablir le corps humain ; mais il faut savoir tirer ce baume du fond des entrailles
de l'or dans lequel il est renfermé ; il faut le
dissolvant universel pour réduire l'or en sa
première matière ; il faut le dissoudre sans
l'altérer pour en avoir la teinture parfaite.

D'autres Chimiastes se brûlent la cervel-
le en travaillant le mercure vulgaire qu'ils
amalgament avec des choses qu'on ne peut
nommer sans faire dresser les cheveux à
la tête ; après avoir passé plusieurs années
dans des recherches inutiles & criminelles,
ils se jettent sur le cuivre, le fer, l'étain, le
plomb, l'orpiment, le talc, le sel de nitre, le
sel ammoniac, l'alun, l'aimant, l'arsenic, le
mercure sublimé & la pierre calaminaire.
Ensuite ayant reconnu qu'ils étaient dans
l'erreur, ils ont extrait les sucs des fruits des
herbes pour faire le dissolvant universel,
oubliant ce que disent tous les Philosophes
unanimement, qu'il ne faut jamais sortir du
règne métallique puisque le corps de l'or
qu'il faut dissoudre est de ce règne, le dissolvant en doit être aussi.

La matière propre à faire le dissolvant universel, est réellement contenue dans tous les sujets que nous venons de nommer ; mais, outre qu'il est bien difficile de l'en tirer, elle y est altérée & trop éloignée ; elle y est trop fixe ; & le baume qui doit nécessairement se trouver dans le sel qui en provient, après la préparation, est trop coagulé & contient trop de parties terrestres & étrangères, trop de soufre combustible & trop de soufre incombustible pour qu'il soit possible d'en faire l'extraction ; mais il existe, comme nous l'avons déjà dit, deux sujets où la matière est abondante & d'où l'on peut la tirer facilement, par deux opérations différentes.

Il est indubitable qu'un grand nombre de Chimistes ont travaillé pendant plusieurs années sur le véritable azoth des Philosophes, sans en retirer aucun avantage, parce qu'ils ignoraient les principes de la Nature ; ils ignoraient que cette matière doit être exposée à l'air pour s'imprégner des influences célestes.

Il existe plusieurs procédés particuliers dans la composition desquels le menstrue ou dissolvant universel dont nous venons

de parler n'entre pas ; mais ces secrets particuliers ne peuvent guérir qu'un certain
nombre de maladies & perfectionner les
métaux sans les transmuer entièrement ;
car il est certain qu'on peut exalter le cuivre
au degré de l'argent sans avoir la médecine
universelle ; ce particulier existe réellement
& peut rendre opulent celui qui le possède.

Mais tous ces secrets particuliers ne
sont rien en comparaison de la médecine
universelle qui en une poudre salsugineuse
ou analogue au sel, d'une couleur rougeâtre, un peu luisante & aussi pesante que le
plomb ; cette poudre se liquéfie à la chaleur
du soleil ou d'une lampe ; elle soutient un
feu de fusion, où elle demeure fixe & incombustible.

La médecine universelle n'a toutes ces
qualités qu'à cause qu'elle provient d'une
substance incombustible en elle-même ; il
faut bien qu'elle ait ces qualités, puisque les
Philosophes disent qu'on peut la préparer
ou calciner dans un four de verrier pendant
plusieurs jours sans craindre de l'altérer ; car
rien ne se brûle ou détruit que les parties
grossières, terreuses, superflues & nuisibles

qu'on doit nécessairement séparer par le moyen du feu.

Si l'on broie la matière salsugineuse ou l'azoth des Philosophes avec la rosée du mois de Mai, & qu'on mette l'amalgame dans une cornue de verre, sur un feu de sable, on verra, dans le cours d'une journée, plusieurs métamorphoses admirables ; le mélange deviendra d'abord d'une couleur brune, ensuite jaune, verdâtre, d'un beau bleu céleste & transparent comme du cristal. Toutes ces couleurs paraissent successivement du matin au soir, & l'on remarque des variations sensibles d'un quart d'heure à un autre, parce que tous les éléments y sont rassemblés par les vapeurs du sel, du soufre & du mercure ; cela arrive par une admirable combinaison que. Dieu seul connaît parfaitement.

C'est un prodige de voir qu'une seule substance a trois vertus & trois propriétés différentes.

L'esprit & l'âme universelle sont donc contenus dans le sel de la terre fomentée par les, astres qui produisent l'or, le mercure, le baume, la quintessence des éléments ; c'est par conséquent dans ce sel qu'il faut

chercher la médecine universelle : mais il
faut séparer l'esprit de ce sel & le rejoindre
avec son corps par le moyen duquel il agit
& dans lequel il opère en même temps pour
conduire ses opérations à un terme propice.
On réussira sûrement si l'on a le bonheur
de concentrer & d'imprégner ce vrai nec-
tar de Jupiter d'un soufre d'or pur, ou d'un
soufre philosophique ; mais il faut être dili-
gent pour saisir promptement l'oiseau hermétique lorsqu'il n'a encore qu'une aile : car
si l'on attend qu'il ait toutes ses plumes, il
s'envolera, & l'on ne pourra jamais l'attra-
per pour le renfermer dans la cage philosophique.

Les Philosophes n'ont jamais fait la description du lieu qui doit contenir le ferment
dans la matrice de la teinture universelle ;
ils ont été aussi réservés sur ce sujet, que
lorsqu'ils ont indiqué la véritable matière
sous une infinité de noms supposés & enveloppés sous l'énigme.

Il est évident que tous les corps métalliques découlent de ce premier Être universel, qui fait circuler la semence dans toutes
les matrices, & après que les influences astrales ont fait fermenter cette substance, les

métaux se forment & prennent leur accroissement. Il en est de même des végétaux,
des plantes, du froment, par exemple ; car
on aura beau exposer aux rayons du Soleil
& de la Lune, aux influences des astres, la
graine d'une plante quelconque, si elle n'est
pas déposée dans sa matrice, qui est la terre
où elle doit être placée pour recevoir les
influences astrales, elle ne germera jamais,
parce que le sel fixe qui n'existe que dans la
terre, est le véritable agent qui développe
la fermentation nécessaire à toute forte de
génération.

Beccher dit que l'esprit vivifiant du sel
fixe de la terre habite dans les airs, que c'est
lui qui agite les fleurs, qui les fait fermenter & produit toutes les couleurs que nous
voyons dans le monde, dans les trois règnes ; c'est ce même esprit qui guérit toutes
les maladies, qui renouvelle entièrement la
masse du sang en en séparant toutes les humeurs nuisibles ; il pénètre jusqu'au centre
de la terre pour mûrir & teindre en même
temps tous les métaux dans les minières.

La substance la plus essentielle à notre
existence se trouve dans cette matière nous
vivons tant que nous pouvons prendre cette

nourriture, & nous mourons aussitôt que nous en sommes privés.

Cet esprit ne paraît que sous la forme d'un sel volatil aérien, qui est une substance parfaite qui conserve tous les êtres. Ce sel est contenu dans tous les êtres ; mais il y est renfermé, & il faut les calciner pour l'en retirer & le faire paraître.

Quoique cet esprit céleste soit répandu dans tout l'univers, en tout lieu, on ne doit cependant pas croire qu'on pourra le prendre partout ; car la terre seule est sa matrice naturelle, c'est dans la terre qu'il s'imprègne de toutes les vertus élémentaires.

Quand on a fait l'extraction de ce sel par le moyen d'une calcination convenable, il faut lui donner un lieu pour le contenir, parce qu'il est extrêmement fugitif & volatil. Sans ce lieu, il ne serait pas possible de lui faire subir les opérations nécessaires pour développer les vertus qu'il renferme.

Un Laboureur intelligent connaîtrait bientôt la terre qui contient ce sel, s'il voulait se donner la peine d'examiner les productions de la Nature ; car la terre dont nous parlons répand l'abondance partout où elle est employée. Quand on a envie d'acquérir des connaissances, il faut étudier & faire des expériences ; voilà le moyen de découvrir le trésor caché des Philosophes, ou pour parler plus clairement, voilà le moyen de trouver la minière où l'on prend l'azoth qui renferme une prodigieuse quantité de sel fixe central, lequel attire continuellement d'autres sels qui s'incorporent avec l'aimant sympathique vers lequel toutes les influences astrales sont dirigées.

Il est évident qu'on doit chercher cette terre bénite & féconde, qui contient le sel philosophique ou la matière prochaine de la pierre, & qu'il est presque impossible de la trouver ailleurs qu'aux environs des mines d'or, en Hongrie, en Transylvanie, à Nuremberg, dans le Tokay & ailleurs, pourvu qu'il y ait des mines d'or abondantes ou non. Cette terre est jaunâtre, parce qu'elle est imprégnée du soufre volatil de l'or, ou d'or qui en entièrement volatil.

Cette terre est excellente quand elle est prise à quelques pieds de profondeur directement sur la minière, parce que l'or qui se coagule, se cuit & végète dans sa minière, exhale continuellement une vapeur qui se corporifie dans sa terre, vers laquelle elle

se dirige par l'expulsion du feu central de
la minière ; elle est attirée par une vertu
magnétique, d'ailleurs, vers la surface de la
terre.

La terre, qui est perpendiculairement
au-dessus des minières, peut être considérée
comme un ample chapiteau, où se conden-
sent & se corporifient toutes les exhalaisons
qui montent comme d'un creuset rempli
d'or en fusion ; mais avec cette différence
que les vapeurs qui s'exhalent d'une minière sont des vapeurs d'or vivant, tandis que
celles qui partent d'un creuset rempli d'or
en fusion, doivent être considérées comme
des émanations d'un corps mort.

L'aimant philosophique se trouvant dans
la terre, exposée à la vapeur d'une minière
d'or, doit être imprégnée d'un véritable soufre d'or volatil, par le moyen duquel les êtres
universaux sont mis en mouvement, & par
leur grande analogie avec l'or, l'aimant
philosophique, attirent copieusement
d'en haut tout ce qui est nécessaire pour
conduire le magistère à son plus haut point
de perfection. Si l'on fait l'opération avec
cette terre de Hongrie ou terre d'or, ou imprégnée d'effluvions d'or par le moyen d'un

esprit convenable, on en tirera une teinture qui a des vertus infinies pour guérir toutes les maladies, & renouveler entièrement la masse du sang.

Il faut mettre quelques livres de cette terre dans un alambic de verre avec un menstrue analogue à cette terre d'or. On fait digérer le mélange pendant un mois sur les cendres tièdes, selon l'art ; au bout de ce temps, toutes les parois du vase seront chargées d'une croûte d'or très épaisse. On aura de la peine à croire que la petite quantité de terre qu'on emploiera pour faire l'opération, pourra produire une si grande quantité d'or.

D'après une pareille expérience, il est évident qu'il serait bien plus commode & plus avantageux de chercher la matière de la médecine universelle dans la terre aux environs des minières d'or, ou près des rivières qui roulent des paillettes de ce précieux métal, que partout ailleurs.

Le sable d'or qu'on ramasse dans les rivières des Indes Orientales contient certainement un soufre d'or volatil, ou pour mieux dire, un or crud.

On a tenté en vain jusqu'à présent, de réduire en corps le sable des Indes Occidentales ; on le met en fusion sans difficulté ; mais à cause de sa grande volatilité, il s'envole aussi promptement que le mercure vulgaire. Il est étonnant de voir que tant d'habiles Chimistes d'ailleurs ne fassent pas attention à cet or volatil ; c'est un trésor que la Nature nous présente ; mais la cupidité, l'ambition, l'avarice, l'amour des richesses aveuglent bien des personnes. On cherche à réduire ce sable d'or en corps ou en lingots, & l'on ne fait pas attention que cet or volatil présente une matière toute préparée pour faire la teinture universelle.

Nous savons qu'il y a des Artistes expérimentés qui ont adopté une autre matière plus agile à ce qu'ils disent, & plus convenable pour faire la teinture universelle, & qu'ils prétendent avoir plus d'efficace dans la partie médicale ; mais nous laisserons ces Messieurs dans leur opinion, en ajoutant qu'ils ne peuvent avoir que des petits particuliers, qui sûrement ne les conduiront jamais à la teinture universelle. Ne perdons jamais de vue cet axiome philosophique :

Celui qui veut moissonner du froment doit semer du froment, & par la même raison celui qui veut moissonner de l'or doit semer de l'or.

Quand on veut moissonner du bled, il ne faut pas semer du pain ; de même quand on veut moissonner de l'or, il ne faut pas semer de l'or dont le germe soit brûlé.

Nous laissons les Chimistes entêtés dans leur opinion ; ceux qui ne voudront pas faire attention à ce que nous venons de dire, verront à quoi peut les conduire leur système. Ils reconnaîtront, mais peut-être trop tard, qu'ils sont dans l'erreur. Les opérations chimiques sont longues & dispendieuses, le Chimiste vieillit, & se trouve insensiblement hors d'état de pouvoir rien entreprendre.

J'ai dit que le sel fixe de la terre avoir la même origine que le sel volatil aérien, quoiqu'ils paraissent d'une qualité bien différente ; mais si l'on les fait fermenter ensemble, ils s'unissent & se conjoignent amicalement.

Tous les végétaux & minéraux doivent leur exigence à ce sel fixe, qui attire les esprits dont ils ont besoin pour prendre leur forme & leur accroissement.

Le sel fixe de la terre attire d'en haut le sel volatil pour fertiliser tout ce qu'il rencontre ; & si la terre ne contenait pas ce sel fixe, elle ne pourrait être une matrice propre à recevoir ce sel volatil de l'air, pour le conserver, le faire fermenter & le réunir.

Ces deux choses n'en font qu'une seule, parce que, comme nous l'avons dit ci-devant, elles n'en faisaient qu'une dans le commencement ; elles sortent du même principe, & elles sont de même nature ; voilà pourquoi elles doivent se réunir ; le volatil devient fixe, & le fixe devient volatil, & ils se rendent l'un à l'autre ces secours mutuels par le moyen du magnétisme universel & par la grande sympathie qui est entre eux.

La matière de la teinture universelle vient d'être nommée par son propre nom, ainsi que la saison, le temps favorable pour faire l'opération.

Les Philosophes ont enveloppé avec grand soin ces deux points essentiels, & pour mieux réussir, ils ont employé les allégories, les énigmes, & une infinité de noms étrangers.

Voilà la matière de la teinture universelle & la manière de la préparer. Jusqu'à

présent, on n'a cherché qu'à cacher ce que
je viens d'écrire ouvertement; ces noms
sauvages qu'ont employés les Philosophes,
ont entraîné une foule d'avares & de voluptueux dans un labyrinthe d'où ils ne
sortiront jamais. Dieu a permis qu'ils se
trompassent ainsi eux-mêmes, parce qu'ils
ne cherchaient le trésor que pour satisfaire
leurs désirs déréglés. Nous venons de parler clairement; mais ceux qui n'auront pas
des vues légitimes, n'en retireront jamais le
moindre avantage.

Le point essentiel de l'opération dépend
de la fermentation du sel volatil aérien avec
le sel fixe de la terre, pour les conjoindre
amicalement & légitimement ensemble.

Si tous ceux qui ont travaillé sur cette
matière n'ont pas réussi, ç'a été de leur faute
plutôt que de celle des Philosophes qui ont
écrit. Si ceux qui ont erré s'étaient donné la
peine de réfléchir, ils auraient su éviter les
précipices dans lesquels ils sont tombés.

La plus grande partie des Chimistes se
borne à la connaissance des trois noms gé-
nériques de sel, de soufre & de mercure, &
ils croient tout savoir quand ils ont ces trois
mots gravés dans la mémoire. Il est bien

constant que ces trois minéraux exercent un empire continuel & absolu dans les trois règnes où ils dirigent & rassemblent toutes les influences astrales ; mais il faut savoir quand, comment & à quelle fin ces merveilles s'opèrent.

On peut faire d'excellentes médecines avec l'or, l'argent, le plomb, le mercure vulgaire, le vitriol & plusieurs autres corps semblables, qui contiennent véritablement la matière de la médecine universelle, mais il est bien difficile de la purifier ; car elle est enveloppée de matières grossières & hétérogènes qui sont capables de faire manquer l'opération.

Nous ne prétendons pas dire qu'il soit impossible de faire une médecine universelle pour convertir les métaux imparfaits en véritable or ou argent avec les corps fixes que nous venons de nommer ; nous voulons seulement dire qu'il est très difficile, & nous pouvons assurer que de cent qui travaillent sur ces matières, à peine s'en trouvera-t-il deux qui réussiront à en extraire la médecine universelle.

Plusieurs personnes ont échoué, pour n'avoir su donner un temps suffisant à l'opération ; on pense vulgairement qu'on peut commencer & achever le grand œuvre dans six semaines ou deux mois. Cela arrive parce que les Philosophes ont dit que c'était le travail des femmes & le jeu des enfants ; ils ont employé ces expressions pour induire les ignorants & les impies dans l'erreur.

La seconde partie de l'opération peut bien être regardée comme un jeu d'enfant ; mais il n'en est pas de même des opérations préliminaires, qui renferment la calcination, la dissolution, la coagulation, la sublimation, la circulation & la digestion. Toutes ces opérations se font avec un feu gradué ; & je puis assurer que la plus grande partie de ceux qui n'ont pas réussi a eu ce malheur, faute d'avoir su diriger leur feu dans chaque opération : car si l'on fait un feu lent où il faut un feu de fusion, la matière, au lieu d'être ouverte, ne sera qu'effleurée, & ne pourra jamais être débarrassée des parties terrestres sous lesquelles la quintessence est cachée.

Cette quintessence n'est pas encore en état d'accomplir le magistère dont le succès dépend absolument de la volatilisation & de la fixation. Toutes ces opérations sont très longues & très ennuyantes.

Il est certain qu'un adepte, qui connaît à fond toutes les opérations, pourrait abréger le travail; mais celui qui a eu le bonheur de connaître la matière & qui n'a pas encore fait l'œuvre, ne doit point s'écarter de la voie commune, il doit s'armer de patience & travailler; car Dieu n'accorde ce don céleste qu'en récompense de la vertu & du travail.

Il serait très imprudent de commencer l'opération avant de connaître parfaitement la nature du sel volatil de l'air & celle du sel fixe de la terre. Il n'est pas moins essentiel de connaître la méthode qu'on doit suivre dans tout le cours de l'opération.

Si l'on veut acquérir une connaissance parfaite de ces deux choses, il ne faut pas se borner à la lecture des Philosophes modernes, il faut lire ce qu'on appelle les fables des anciens Auteurs profanes. Cette expression ne sortira jamais de la bouche d'un vrai Philosophe qui connaît les choses merveilleuses que les Grecs & les Égyptiens ont décrites sous des hiéroglyphes, des fictions & des allégories, pour les dérober à la connaissance des impies : le vulgaire ignorant, ne comprenant rien dans les Métamorphoses d'Ovide, dans la Théogonie d'Hésiode, & autres ouvrages semblables, prononce hardiment que ce sont des fables qui n'ont pas de sens commun, parce qu'il s'attache aux mots, sans se donner la peine de réfléchir.

Je conviens que l'expression d'Hésiode paraît fabuleuse, lorsqu'il dit que Thétis est fille du Ciel, & qu'Hypérion engendra le Soleil & la Lune. Le Soleil échauffe une eau qui enflamme le soufre, & il en résulte un mercure qui est le principe de l'or ; ainsi quand on lit les ouvrages des Philosophes, tant anciens que modernes, il faut avoir de la patience & ne pas s'arrêter à la première phrase ; si l'on rencontre de l'obscurité ou du ridicule en apparence, il ne faut jamais se rebuter ; une phrase en explique une autre, & cette explication ne viendra quelquefois que dans un endroit où vous vous y attendrez le moins, mais sous l'énigme.

Hésiode ne s'est pas contenté de dire que Thétis était fille du Ciel, il a ajouté qu'elle était mère du Soleil, qui est le père de tous les métaux.

Ce mot Thétis, signifie le soufre qui se convertit en mercure, & ce mercure se métallifie par le moyen d'un feu lent qui se trouve dans les minières dans les entrailles de la terre.

Voilà une preuve non équivoque, que les fables des Anciens, sont réellement des ouvrages philosophiques qui, sous des emblèmes, renferment les arcanes de la Nature.

Tubaliain, Cham, Chamia, Chemia, tous ces mots signifient Chimie.

L'expression si souvent répétée dans tous les ouvrages des Philosophes : La Nature se réjouit avec la Nature, la Nature retient la Nature, la Nature triomphe de la Nature ; cette expression, dis-je, vient de l'Égypte. Cela signifie, que la Nature est la mère de la Chimie, & qu'elle préside à toutes ses opérations.

Moïse avait appris toutes les sciences des Égyptiens, c'est pourquoi les Prêtres disaient que c'était un second Hermès, en le voyant expliquer tous les hiéroglyphes.

Adam reçut de Dieu même les principes de toutes les sciences ; Adam instruisit Noé, celui-ci instruisit Seth ; dont les descendants communiquèrent les mêmes connaissances à Abraham ; Abraham enseigna les Chaldéens, les Chaldéens instruisirent les

Égyptiens, & les Égyptiens instruisirent
Moïse.

Canaan signifie l'ancien Hermès & rien
autre ; Misraim était frère de Cham.

Hermès enseigna la médecine universelle à Isis, qui guérissait toutes les maladies ;
selon les anciens, Isis est la Lune, & Osiris
le Soleil, ou l'or & l'argent.

Tubaliain fut le premier Vulcain avant
le déluge ; Cham est le Jupiter des anciens ;
l'enfant égyptien est la terre de Cham ;
cette terre de Cham, selon Plutarque, est
la Chimie ; le vieillard hébreu est le même
qu'on appelle Zeus.

Saturne est Noah, qui découvrit son
père ; Vulcain fut Mitraim, depuis le déluge,
& Mercure inventa tous les arts chez les
Égyptiens : ce même Mercure était frère de
Mitraim.

Orphée, Homère, & Démocrite, ont
voyagé en Égypte pour s'instruire de même
que Pythagore, qui pour être initié dans les
mystères des Égyptiens, se soumit à un trai-
tement bien dur.

L'eau mercurielle que Pindare de Thèbes
a décrite, est la base de tous les métaux.

Hippocrate fait voir dans ses ouvrages qu'il connaissait les principes de la science hermétique,

L'arsenic de la Sybille indique un soufre, qui, en faisant les fonctions de mâle, oblige le mercure de s'arrêter; mais ce n'est pas dans l'arsenic vulgaire qu'il faut chercher ce soufre : car le bon sens & la raison nous indiquent qu'il faut un soufre incombustible ou un soufre vraiment philosophique.

Plusieurs Auteurs assurent que Virgile indique la matière de la pierre, dans son Enéide, où il parle de l'arbre opaque, qui est une espèce de palingésie mystique des métaux, ou une végétation métallique admirable.

Les vrais Chimistes font cette végétation par le moyen d'une poudre métallique qu'ils savent composer. Ils font dissoudre un grain de cette poudre dans quatre livres d'eau de pluie, & y ajoutent du vif-argent, qui au bout de six heures, végète si prodigieusement qu'il remplit tout le vase de filaments d'argent, ou de mercure converti en argent; on met cette végétation à la coupelle, & il en résulte un argent très pur.

Les Philosophes font ces merveilles en très peu de temps, & sans beaucoup de dépense. Ils emploient des choses que tout le monde connaît; car ils n'emploient que de l'argent, du vif-argent réduits en quintessence ou première matière, c'est-à-dire, en eau métallique, claire & limpide.

Le fer mêlé de cuivre dans les minières, indique le plus grand mystère de la Chimie. Si l'on voulait se donner la peine d'examiner ce mélange, on serait bientôt en état de faire des végétations de mercure en argent, & quelque chose de plus avantageux: car celui qui sait faire une véritable végétation, n'ignore pas le moyen de faire un verre malléable, non plus que les pierres précieuses.

Les cornes d'argent se font avec des esprits acides contraires, qui développent la teinture d'argent; ces cornes sont brillantes, malléables, & fusibles au feu de lampe.

On peut faire un sel malléable avec du sel ammoniac, qu'on fait dissoudre plusieurs fois dans de l'eau de pluie ou de la rosée. Il se cristallise au point de remplir toute l'étendue du vase dans lequel on fait l'opération.

Le verre d'antimoine, qui est le plomb des Philosophes, a une grande vertu fixative, & celui qui travaillera ce verre jusqu'à ce qu'il soit réduit au point de perfection dont il est susceptible, fera des prodiges avec tous les métaux qui sont de la classe de ce minéral.

La nature fait tous les jours du verre malléable avec le vitriol martial, le plâtre & le talc de Moscovie, qui est un verre naturel de la plus grande beauté,

Il existe une terre rougeâtre, sablonneuse & spongieuse, aux environs d'Arcueil, près de Paris, qui est un objet intéressant pour les Chimistes ; car si l'on expose cette terre, dans des vaisseaux de terre vernissée, aux influences astrales, c'est à dire, à la pluie, à la neige, aux rayons du soleil & de la lune, & qu'on la lessive au bout de deux mois, on en retire d'excellent vitriol ; & si l'on l'expose de nouveau à l'air, elle donnera successivement tous les mois, du plomb, de l'étain, du fer, du cuivre, de l'argent & de l'or, si on l'expose les mois de Juillet & d'Août.

Un Chimiste un peu expérimenté reconnaîtra facilement que cette terre n'est point métallique ; mais qu'elle contient un sel fixe métallique & magnétique, qui attire de l'air tout ce qu'on peut en retirer après l'avoir exposée aux influences astrales pendant un temps convenable.

Toute la terre d'Égypte est nitreuse, et c'est pour cela qu'on l'a appelée terre de Cham, de Charria, ou terre propre à être employée dans la Chimie.

On peut faire une excellente teinture avec le safran du Levant, par le moyen de l'esprit de vin. Cette teinture est un excellent remède pour guérir les plaies & beaucoup de maladies.

Les fèces du safran se réduisent en marc solide au fond de l'alambic après l'extraction de la teinture, qu'on peut volatiliser & rendre beaucoup plus parfaite par le moyen de cette résidence.

Philalèthe assure que tous les métaux sont formés de la même matière, qui est le mercure par le moyen duquel la Nature fait toutes ses fonctions.

La preuve la plus évidente que tous les métaux viennent du mercure, est que tous les métaux peuvent être réduits en mercure.

On peut naturellement convertir le mercure en plomb & le plomb en mercure, par le moyen de l'Art; on convertit le plomb en

fer, le fer en cuivre ; si l'on fait cuire le cuivre, on le mettra au rang des métaux parfaits.

On peut aussi facilement convertir l'antimoine en mercure précieux, & qui est bien
susceptible de prendre la forme d'un métal
parfait.

Le mercure d'antimoine est plus précieux
que l'or dans la Chimie vulgaire, parce que
l'on ne saurait le dissoudre sans le menstrue philosophique que les Apothicaires ou
Chimistes vulgaires ne connaissent pas.

Le mercure antimonial, au contraire, se
dissout facilement, & fournit beaucoup de
moyens pour parvenir à des découvertes im-
portantes ; car, si on le mêle avec le mercure
des autres métaux, & qu'on les fasse cuire
ensemble, le mercure étant le lien de celui
des autres métaux, les oblige de se conjoindre avec lui. Voilà la base de la Philosophie
hermétique.

Les Philosophes connaissent une substance moyenne entre les métaux et les minéraux ; cette substance est la matière première des métaux, & ceux qui ont le bonheur de la connaître n'ont pas besoin de les
réincruder pour avoir du mercure vierge.

Cette matière s'étend dans les minières à travers les pores de la terre pour former tous les corps métalliques, mais il faut un lien pour la retenir, c'est-à-dire qu'il n'est pas possible de la convertir en élixir sans y joindre un ferment d'or ou d'argent.

Le vif-argent ou mercure vulgaire a une infinité de propriétés ; on peut lui faire prendre la forme de tous les métaux, sans en excepter l'or & l'argent. Sendivogius l'appelle son acier, parce qu'il est la clef & le principe de la Philosophie hermétique.

Philalèthe dit que la pierre des Sages est de l'or digéré au suprême degré, & circulé en essence ignée, qui est de la plus grande pénétration. Le même Auteur ajoute que c'est un corps mort qui teint l'argent à l'infini, Ce corps mort peut-il être autre chose que l'or mis à mort, putréfié, & ensuite spiritualisé ; mais il faut auparavant dissoudre l'or dans un mercure qui soit de la nature de l'or, sans quoi il ne germerait jamais, parce que ce mercure est comme une terre dans laquelle on doit nécessairement semer l'or pour le faire fructifier,

Les Philosophes n'admettent que trois éléments qui sont l'air, l'eau & la terre ; car ils ne reconnaissent que le feu commun, tel qu'il existe dans nos foyers.

Tous les éléments proviennent naturellement d'une conjonction de l'eau qui est le principe de tous les corps concrets : la terre est considérée comme le lit ou le foyer où se fait cette conjonction : l'air est le moyen ou distributeur des vertus célestes. L'eau est la semence de tous les êtres créés. Tel est l'ordre que Dieu a établi dans le cours des choses sublunaires.

Le vif-argent & tous les autres minéraux sont composés d'une eau sèche & fluide : le mercure ne peut produire que du métal ou des minéraux qui se convertissent ensuite en étain, en plomb, en argent, en fer & en or. Cela se fait par le moyen de la conjonction de la graisse sulfureuse et mercurielle ; il cuit lui-même par sa chaleur naturelle, parce qu'il contient un agent radical qui a la vertu de conduire les métaux à leur degré de perfection, sans le secours d'aucun autre agent extérieur.

Le mercure n'a d'autre destination qu'à produire de l'or ou de l'argent ; mais pour cela, il doit être délivré & purgé de toutes les ordures, de tout le soufre impur dont il peut être souillé par accident.

Tous les métaux imparfaits sont un or crud, impur, qui n'est pas encore mûr; séparez-en donc les impuretés par le moyen de notre arcane, de notre feu, pour exalter l'or & le faire digérer; notre feu exalte ce qui est de sa nature, & coutume tout ce qui est impur.

Toute semence métallique est une véritable semence d'or; il n'existe point de semence d'étain, de plomb, de cuivre, de fer, ni d'argent: car la forme de tous ces corps imparfaits est purement accidentelle; ainsi, toute matière métallique est une véritable matière d'or; il ne lui manque qu'une digestion convenable pour en séparer les fèces & toutes les crudités. Cette digestion doit être fixative & destructive de toutes les matières hétérogènes, & la forme doit être introduite en même temps.

Le plomb n'est pas multiplicatif dans le plomb; mais il est multiplicatif dans l'or qui contient une semence multiplicative pour le blanc & pour le rouge. La teinture blanche est contenue dans le résidu de l'or seulement: elle est la première perfection de la teinture rouge qui est l'accomplissement du magistère. La teinture blanche est philosophique, parce que l'or est son père, & elle devient rouge dans son temps, quand elle a acquis la perfection dont elle est susceptible par la nourriture que lui donne notre feu philosophique.

Il faut absolument avoir la semence de l'or pour faire la médecine universelle. L'or doit être ouvert jusqu'au noyau pour produire sa semence. Les eaux régales & corrosives n'ont pas la vertu de dissoudre l'or : elles ne font que de le réduire en limaille fine qu'on peut réduire en corps avec les sels convenables ; ce qu'il n'est plus possible de faire quand l'or est dissout par le moyen de notre eau mercurielle ; pour lors il est uni & si bien incorporé avec le dissolvant, qu'ils ne font plus qu'un seul corps qu'il est impossible de diviser, & c'est dans ce même corps qu'est contenue la semence multiplicative de l'or.

Pour extraire cette semence, il faut détruire l'or, ou du moins le réduire au point où il paraît détruit : c'est pour lors que toute sa substance est convertie en sperme.

L'or est entièrement réduit en sperme quand il est réduit en eau : le sperme habite dans l'eau. Voilà pourquoi la semence de l'or est appelée eau dans tous les Livres des Philosophes ; & pour avoir cette semence, il faut faire disparaître l'or entièrement. Ce point est essentiel, c'est le grand secret de l'Art ; il n'y a qu'un sentier très étroit pour arriver à ce but, & il n'y a point d'autre guide que le feu secret des Philosophes, qu'ils ont caché ou masqué sous une infinité de noms, d'énigmes & d'allégories. Basile Valentin l'appelle baume, urine, rosée du mois de Mai, dragon venimeux, crible, marbre, thériaque, talc, sel de nitre, & vitriol Romain.

Voilà les noms que les Philosophes ont donné à leur menstrue, qui est un diadème royal, sans lequel il n'est pas possible de tirer le sperme du corps filaire ou de l'or. Il faut faire paraître ce sperme sous une forme mercurielle pour l'exalter en quintessence, qui est premièrement blanche, & qui, ensuite, devient rouge par la cuisson faite avec un feu continuel. Tout cela se fait par le moyen d'un agent homogène & mercuriel, pénétrant & pur, cristallin sans être diaphane, liquide sans être humide. Tel est le mercure

des Philosophes quant à l'extérieur : mais
intérieurement, c'est un être plein de vie
qui est l'âme de l'or ou la pure quintessence
de ce métal.

Les Sophistes qui pensent qu'avec le mercure vulgaire seul, sans adjonction d'aucune matière étrangère, on peut extraire cette
quintessence, sont dans une erreur bien
grossière. Quand ils ont réduit le vif-argent
en gomme fusible, par une chaleur douce,
ils croient avoir trouvé le phœnix ; ils l'exposent au soleil pour attirer les influences
astrales ; cette gomme mercurielle, si elle est
bien préparée, peut se dissoudre au soleil ;
pour lors, le pauvre Sophiste se réjouit, il se
regarde comme possesseur de la pierre des
Sages ; il fait faire des plans pour bâtir des
châteaux ; il promet des fortunes, des trésors à ses amis ; il s'engage à leur procurer
une longue vie. Ensuite, il fait provision d'or
calciné qu'il fait dissoudre dans de l'eau ré-
gale, pour faciliter la Nature à ce qu'il dit ;
il précipite la dissolution avec de l'huile de
tartre, & fait évaporer.

L'or se trouve réduit en poudre impal-
pable, qui disparaît bientôt après qu'elle a
été mise dans la dissolution de gomme mer-

curielle. Je conviens que l'or s'y incorpore
en quelque manière, & qu'il en résulte un
amalgame dont les Doreurs sur cuivre pour-
raient faire usage, mais qui ne convient en
aucune manière à l'œuvre philosophique.

Le pauvre Sophiste croit que son or est
radicalement dissout ; il se flatte d'en avoir
extrait la quintessence, & rien n'est capable
de le persuader du contraire ; il veut continuer ses opérations aussi vaines que ridicu-
les ; croyant posséder tout ce qui est nécessaire au magistère, il renferme cette matière,
ainsi préparée, dans l'œuf philosophique,
pour la conduire à sa perfection.

J'ai connu une personne qui a suivi cette
marche de point en point, telle que je viens
de l'exposer. Cette même personne était
si entêtée & si prévenue en faveur de son
procédé qu'elle fit cuire cette composition
pendant dix ans, sans interruption. J'ai vu
le fourneau de ce pauvre Sophiste, qui est
mort dans la peine.

Ce fourneau était si ample, que j'y comp-
tai jusqu'à douze œufs philosophiques ; la
vue seule de tant de vases, prouve bien que
le Chimiste qui les dirigeait, n'avait pas la

moindre idée de la vertu multiplicative de la pierre.

Les vrais Chimistes connaissent bien ce qui manque au mercure vulgaire pour en faire un mercure philosophique. Les Sophistes ne sont autre chose que de laver, le sublimer, le spiritualiser & le faire cuire ; ils pensent qu'après lui avoir fait perdre sa forme naturelle, il doit prendre celle du mercure des Philosophes.

Nous avons déjà dit que tous les métaux sortent d'une même source & ont tous les mêmes principes matériels, qui sont le mercure. C'est pourquoi il paraît que le mercure vulgaire est la matière métallique la plus analogue à tous les métaux, & qu'il devrait, lui seul, avec l'or pur, suffire à la composition de la pierre : il semble qu'il ne lui manque autre chose qu'un degré de pureté & de cuisson avec un ferment.

Mais les Philosophes ne pensent pas ainsi ; ils n'ignorent pas que le mercure vulgaire contient une partie de la matière de la pierre ; & que, si l'on veut l'employer dans la composition de la médecine, il faut lui donner ce qui lui manque pour être un vif-argent parfait.

La privation de l'air est, en partie, la cause qui fait rester le mercure dans l'état de crudité où nous le voyons. Il attend ce qui lui manque pour parvenir au degré de métal parfait ; & quand cela n'arrive pas, il faut nécessairement qu'il ait été arrêté par quelques accidents, quelque vice local, ou cette matière a été si malade, si maltraitée, qu'elle a perdu toute sa force & toute sa vertu propagative orifique.

Si l'on avait fait dissoudre de l'or dans le mercure philosophique, que le tout eût été préparé par un adepte, & que rien n'y manquât pour faire la pierre, si cette matière était même dans l'œuf, si après l'avoir fait cuire pendant un mois, on la laissait refroidir, la même chose arriverait, la vertu propagative orifique serait éteinte comme elle l'est dans le mercure vulgaire qui a essuyé des accidents dans les minières.

Pour faire un mercure convenable au magistère, il faut commencer par purifier ce corps métallique de toutes des superfluités, & lui donner tout ce qui lui manque, il faut l'animer avec un vrai soufre brûlant pour consumer toutes les impuretés qu'il rencontre. Ce soufre doit avoir en même temps une qualité générative & propagative. En un mot, pour que le mercure vulgaire devienne un véritable mercure philosophique, il n'y a autre chose à faire que d'en séparer ce qu'il a de contraire, & lui joindre un soufre pur qui le guérit de sa lèpre & de son hydropisie.

Il faut ensuite y ajouter une portion convenable de matière tirée du règne de Jupiter & de Saturne, & le mercure philosophique sera préparé dans toute sa perfection ; mais gardez-vous bien d'y rien ajouter de tout ce qui est d'une nature contraire à la sienne ; souvenez-vous qu'il ne faut jamais sortir de la voie métallique : car la pierre des Sages n'est composée que de mercure, d'or & d'argent, si ces trois métaux ne sont pas intimement conjoints, dissous, sublimés, mortifiés & exaltés tous les trois ensemble, ils ne produiront jamais le moindre effet.

Pour faire la médecine universelle, il n'y a autre chose à faire que de rassembler les éléments qui nous environnent de toutes parts ; tous les êtres les contiennent, & ils sont leur soutien.

La pierre des Philosophes est le premier de tous les éléments, elle se trouve dans tous les êtres créés ; & dès l'instant qu'elle cesse d'y exister, ils périssent.

Pour s'assurer & se convaincre qu'on travaille sur la véritable matière, il faut la soumettre à l'épreuve du feu ; car elle est incombustible. Les Philosophes disent qu'on peut la calciner ou préparer dans un fourneau de réverbère, ou dans un four de verrier, sans craindre qu'elle pût y recevoir aucun dommage ; car le feu ne peut avoir d'impression que sur les parties étrangères dont on doit la délivrer. Cela prouve clairement que la matière de la pierre ne peut exister que dans les métaux, & même dans les plus parfaits.

Nous devons donc chercher dans les métaux & ne jamais sortir de leur classe. Nous devons chercher dans l'or, quand nous voudrons engendrer de l'or ; le bon sens & la raison nous indiquent, que nous devons chercher le germe de l'or dans l'or même, & non ailleurs. Voilà le raisonnement de tous les Philosophes ; il est bien évident qu'il faut chercher la pierre dans les métaux les plus parfaits, dont il faut extraire le sperme ou semence multiplicative. Pour réussir dans cette opération, il faut détruire la forme métallique ou la forme accidentelle ; mais il faut conserver l'espèce métallique qui réside dans l'esprit.

Il faut donc changer la forme extérieure de l'or, & le réduire en eau ; car l'esprit de l'or se conserve dans l'eau, & cette eau s'épaissit, pour la seconde fois, après la putréfaction ; elle reprend une nouvelle forme d'or, telle qu'il l'avait auparavant.

Cette nouvelle forme que l'or reprend, après sa réincrudation, est beaucoup plus parfaite, car elle a acquis une vertu multiplicative à l'infini.

L'or qu'on doit employer doit être mûr ; il faut le purifier plusieurs fois, comme dit Flamel, en le faisant fondre avec l'antimoine. L'or ainsi purifié se dissout facilement dans le mercure crud & froid. De ces deux choses, il en résultera un mercure qu'on appelle eau-de-vie. On fait cuire cette double matière ou ce double mercure, & il en résulte un métal bien plus précieux que l'or, puisqu'il convertit tous les métaux en or.

Voilà la véritable composition de la médecine universelle. Convertissez du mercure vulgaire en mercure philosophique ; convertissez l'or vulgaire en or philosophique, c'est-à-dire réincrudez ces deux métaux, mêlez les dissolutions sans y rien ajouter, faites les cuire pendant un temps convenable, & vous aurez l'élixir incombustible.

Si vous avez le secret du feu extérieur que vous devez employer, vous pourrez observer tous les jours une révolution dans la matière jusqu'à ce que l'humidité soit entièrement desséchée par la calcination.

La fumée philosophique est cachée dans l'œuf philosophique qu'il faut échauffer avec une chaleur modérée ; car si elle était trop forte, tout l'ouvrage périrait ; si elle était trop faible, l'ouvrage périrait de même.

Le grand secret des Philosophes consiste dans la connaissance des degrés du feu ; car il n'y a qu'un degré convenable au magistère. Les Philosophes se sont beaucoup étendu sur ce sujet, mais il est impossible de les accorder. Un grand nombre de bons Artistes, qui avaient la véritable matière en main, ont échoué pour avoir ignoré les degrés du feu extérieur.

Le mercure philosophique est ce qu'on appelle la fontaine ou le bain, où le Roi se baigne ; il n'y faut rien ajouter que de l'or réduit en limaille.

Nicolas Flamel dit que le mercure philosophique exhale une puanteur insupportable, & qu'il se fait assez connaître par son
odeur.

Quand vous ferez possesseur de cette
matière, faites-la cuire comme nous venons
de le dire ; faites une conjonction secrète à
laquelle les mains n'ont point de part ; & de
deux choses il ne vous en restera qu'une,
mais infiniment plus parfaite que celles que
vous aurez employées.

La partie sulfureuse ne doit point être
séparée de la substance mercurielle, ni la
partie mercurielle de la partie sulfureuse :
ils doivent être unis inséparablement pour
produire leur effet. Ce soufre mercuriel &
ce mercure sulfureux sont la base & le fondement de l'œuvre philosophique. Observez
bien la nature de ce soufre & de ce mercure,
& prenez bien garde de vous tromper ; ces
deux choses n'en font qu'une seule ; le soufre mercuriel est mûr & digéré ; le mercure
sulfureux est crud, il faut les conjoindre par
le moyen d'une calcination.

Toute calcination qui ne se fait pas intérieurement, est infructueuse.

La seconde calcination de l'or doit se faire dans le mercure dissolvant ; mais il faut bien observer les poids & doses. Aussitôt qu'ils sont conjoints, la chaleur agit dans l'humidité & réduit l'or en poudre subtile & peu de temps après en une espèce de gomme noire.

Il faut conjoindre le mercure crud avec l'or mûr, pour le réincruder, le calciner & le faire dissoudre selon l'Art. Le soufre qui est dans le mercure est une eau divine qui digère la matière ; c'est un azoth qui enrichit celui qui a le bonheur de le posséder.

Le corps de l'azoth est une terre que quelques Philosophes ont appelée terre de Lemnos, ou terre sigillée.

Lemnos est une île d'où l'on tire trois différentes terres minérales ; la première est employée dans les moulins à foulon ; la seconde est employée par les Menuisiers, & la troisième renferme une excellente médecine pour guérir un grand nombre de maladies. Lemnos appartient au Grand Turc, il n'y a qu'un très petit endroit dans cette île où l'on peut prendre de la terre sigillée médicale. Le Souverain fait exploiter la mine pour son compte, & fait transporter à Constantinople toute la terre sigillée qu'on en tire : il la garde pour son usage & celui de ses furets. Gallien a fait une ample Dissertation sur cette terre. Les Philosophes qui semblent vouloir l'indiquer pour le véritable sujet de la pierre, ajoutent qu'elle doit être exposée à l'air depuis le mois de Mars jusqu'au mois de Septembre, afin que l'eau de pluie qu'elle doit recevoir pendant six mois l'imprègne de toutes les influences astrales. Au mois de Septembre, l'on extrait de cette terre un mercure engendré par l'eau de pluie ; mais il faut prendre ce mercure précisément dans le temps qu'il est mûr ; si l'on manque en ce point, l'ouvrage tombera en ruine.

Le vulgaire méprise cette terre, parce qu'elle est sale & puante, surtout après avoir été exposée six mois à l'air ; elle devient comme de la boue, comme de la vase tirée du fond d'un fossé rempli d'eau croupissante ; mais les enfants de l'Art la trouvent éblouissante en cet état. Ils savent bien que c'est une vierge très pure, couverte d'ordures, dont ils savent bien la dépouiller par le moyen d'une forte calcination, dans un four de verrier.

Cette matière n'est sale qu'extérieurement, rien n'est malpropre que son manteau dont il est bien facile de la dépouiller par le feu.

Dieu l'a couverte ainsi d'ordures pour la soustraire à la connaissance des impies qui la cherchent partout, & qui la foulent aux pieds sans la connaître.

Faites brûler les scories qui la couvrent, & elle vous paraîtra éblouissante.

Cette terre vierge est sœur & femme de notre Roi, rendez-lui les honneurs qu'elle mérite ; si vous lui prêtez la main pour se débarrasser de ses habits malpropres, elle vous récompensera ; purifiez-la au suprême degré, procurez-lui un corps céleste ; quand vous l'aurez débarrassée de toutes ses impuretés, elle sera éblouissante : elle n'est pas ainsi par sa nature, mais nous la rendons ainsi éclatante en l'épurant toutes les superfluités grossières. Aussitôt qu'elle sera pure, vous aurez soin de la conjoindre avec l'or pur ; elle se nourrira & prendra son accroissement de la propre substance de l'or ; quand ils seront bien unis ensemble, vous verrez un nouveau corps beaucoup plus éblouissant que le Soleil que vous avez conjoint.

Cherchez donc les moyens de vous procurer cette Reine, cette matière divine, ce
trésor incomparable, & n'y ajoutez que de
l'or pur, bien calciné & réduit en limaille
très fine, & vous serez le plus heureux de
tous les mortels.

Pontanus dit que celui qui a le bonheur
de parvenir à l'automne de son travail, doit
abandonner tout le reste au seul soin de la
Nature ; la dissolution & la putréfaction
dépendent entièrement du régime du feu :
toutes ces opérations se font sous le sceau
d'Hermès.

Nous avons cependant encore un feu
double qu'on peut connaître facilement
quand on a les connaissances préliminaires.

Quand les Philosophes parlent de leur
vase, il ne faut pas entendre une cornue,
un matras, ni un alambic. Le vase des
Philosophes & le mercure philosophique
font une seule & même chose, parce que le
mercure philosophique est la matrice dans
laquelle il faut renfermer le sperme de l'or
pour y germer & fructifier : ainsi le feu des
Philosophes, la fumée des Sages, le lait de
la vierge, le menstrue ou dissolvant universel, sont tous la même chose à laquelle

on a donné tous ces noms & une infinité d'autres.

Souvenez-vous donc, qu'après la calcination préparatoire & l'extraction du menstrue, il ne faut qu'un feu, qu'un vase, qu'une fumée, c'est-à-dire du mercure philosophique dans lequel on fait dissoudre de l'or pur, préparé d'une manière convenable, pour aider la Nature dans ses fonctions

N'oubliez pas que le feu digestif fait blanchir le vase & le pénètre ; sa fumée ou le lien environne tout & pénètre tout.

Le véritable feu est dans le mercure ; il y a un autre feu qui est double, & une eau double : le feu & l'eau sont différents par les différentes opérations qu'ils produisent ; mais ce n'est qu'une seule & même chose, qui est le mercure philosophique.

Le feu philosophique est vif, l'eau est vivante, le vase est vivant ainsi, que la fumée.

Il n'existe que deux sujets dans le monde qui contiennent le véritable mercure philosophique, lequel est semblable à l'essence de l'or ; mais il est différent de sa substance. Quand vous saurez convertir les éléments, vous saurez où prendre ce mercure. Faites une conjonction amicale du feu avec la terre, & vous aurez la clef du magistère.

Vous pourrez facilement acquérir la pratique pour conduire la teinture au suprême degré de perfection; mais il faut teindre, ce mercure, si vous voulez l'employer pour teindre les métaux, les pierres, & pour convertir en humide radical, en substance parfaite, toute la bile & les humeurs morbifiques qui se trouvent dans tous les corps.

Le mercure philosophique est cette humidité admirable que les Philosophes appellent lait virginal, eau du Soleil & de la Lune, eau qui ne mouille pas les mains, parce que c'est une eau sèche, telle qu'il la faut pour dissoudre l'or & l'argent, & leur donner une nouvelle vie. Cette eau céleste convertit l'or en pur Esprit, qui se multiplie d'une manière qui tient du miracle, ce qui est bien suffisant pour démontrer la bonté infinie de Dieu envers nous.

Tâchez de connaître le fleuve philosophique qui sort d'une montagne dont le sommet se perd dans les nues; une pluie méridionale vous indiquera cette montagne, si vous voulez être un peu attentif: car, quoiqu'elle soit continuellement couverte de neige, elle renferme cependant un feu dévorant qui exhale une vapeur qui est absolument nécessaire à l'opération hermétique. Excitez ce feu pour augmenter la vapeur. Creusez la terre au pied de la montagne, & vous ferez sortir le véritable mercure avec son caducée qui opère des merveilles.

Voilà le mercure philosophique, ainsi que le vase & le feu ; mais ne vous y trompez pas, ne prenez pas du mercure vulgaire pour du mercure philosophique. Je vous ai conseillé de creuser la terre au pied de la montagne ; mais je ne dois pas vous laisser ignorer que vous aurez beaucoup de peine à faire cette besogne, car vous rencontrerez des cailloux très durs.

Prenez ensuite de l'herbe de Saturne qu'on trouve dans tous les lieux Saturniens. Les branches de cette plante vous paraîtront mortes ; mais que cela ne vous rebute pas ; sa racine est pleine de jus ; arrachez-la & jetez-la dans le trou que vous aurez fait au pied de la montagne.

Faites ensuite intervenir Vulcain, & dans l'instant tous les pores de la montagne seront remplis de vapeur Saturnienne, qui sera imprégnée de l'esprit igné, philosophique, ou esprit de Saturne dont la propriété est de blanchir. Voilà le mercure philosophique & la manière de le préparer.

Voilà la saturnie végétale & minérale pour faire le bain du Roi.

Voilà le secret du mercure philosophique ; mais, comme il est aisé de le voir, sans l'énigme. Les Philosophes n'ont jamais parlé plus clairement de cette partie du magistère. On reconnaît que le mercure philosophique est le vase dans lequel le roi ou l'or est contenu & renfermé par le feu spirituel, qui est une pure vapeur saturnienne, qui embrasse l'or, le pénètre, l'amollit & le blanchit dans l'éjaculation de son sperme.

Saturne fait des merveilles sans cesse jusqu'à ce qu'il ait donné à l'or toute la force qui lui est nécessaire pour exercer son empire & faire voir jusqu'où peut s'étendre sa puissance, qui est de fixer, coaguler & teindre. Voilà pourquoi la pierre des Sages est un monde actif & passif, car elle contient l'assemblage de tout ce qui peut se trouver sur la terre ; elle est le mouvement actif & passif de tous les êtres. Elle est fixe & volatile, crue & mûre, parce que sa crudité

est corrigée par sa maturité & que l'une &
l'autre lui sont homogènes.

Le soufre & le sel sont la même chose
dans le mercure philosophique et dans le
corps duquel ils sont identifiés ; ils sont du
même genre & ne diffèrent que par une
seule cuisson.

Les Philosophes ne conseillent pas de
mêler du mercure volatil avec du soufre
fixe, quoiqu'ils disent qu'il y a un sel différent dans l'un & dans l'autre ; mais il faut
un mercure analogue à tous les métaux. Ces
deux choses étant mêlées ensemble, selon le
poids de la Nature, en faisant cuire doucement, on a bientôt la médecine universelle.

La Nature fait de l'or avec le mercure
seul, dans les entrailles de la terre sans
aucun mélange ; mais on abrège le travail
par le moyen de l'art ; c'est pour cela qu'on
est obligé d'ajouter un soufre fixe & mûr. Le
mercure attire ce soufre par la force du feu,
& ce soufre change le mercure & le convertit en élixir.

Si vous réfléchissez bien sur les effets de
ce procédé, vous en découvrirez la véritable
cause : remarquez que l'or est un corps froid
& humide. Le mercure tient un juste milieu

entre ces deux corps, & c'est lui qui développe les teintures.

L'or est un corps cuit & digéré, l'argent
n'est pas mûr; le mercure est le lien qui unit
ces deux contraires. Joignez donc l'argent
avec le mercure par le moyen d'un feu pro-
portionné, incorporez bien ces deux métaux, faites-en un mercure qui retienne le
feu dans son corps; mais ayez soin de bien
purifier ce mercure, séparez-en bien les fèces.

Quand vous l'aurez ainsi purifié, fai-
tes-lui manger de l'or; le chaud & le froid
aimeront l'humide, ils coucheront ensemble dans le lit ou dans le feu de leur amitié.
L'or se dissoudra sur l'argent & l'argent se
coagulera sur l'or, & ils ne feront plus qu'un
seul corps. Continuez l'opération, faites
cuire jusqu'à ce que l'esprit soit corporifié
& vous aurez la médecine universelle dans
toute sa perfection.

Il y a des espèces métalliques qu'il faut
cuire alternativement, à l'imitation des esprits minéraux & végétaux, qu'on fait cuire
tout simplement dans leur eau.

La nature du mercure s'altère dans la
cuisson; mais la couleur & la forme ne chan-

gent pas ; le mercure s'altère dans la dissolution des métaux, & les métaux agissent
ensuite dans le mercure qu'ils coagulent.

Il paraît, par ce raisonnement, que le
mercure & les autres métaux ont une grande
affinité, & qu'ils s'accordent bien lorsqu'on
les met ensemble.

L'eau a la vertu d'améliorer les corps, &
l'eau corrigée par les corps, prend leur nature. Cela démontre bien l'erreur de ceux
qui divisent l'homogénéité du mercure en le
desséchant avec des esprits, ou en corrom-
pant sa terre avec des corrosifs.

Le mercure est le sperme des métaux ;
la nature l'a formé pour être un métal parfait ; il ne lui manque qu'une digestion pure
par le moyen d'un soufre pur & métallique,
qu'il contient intérieurement pour en faire
de l'or parfait ; mais l'art ne connaît pas ce
ferret, quoiqu'il peut très bien exister, &
rien ne paraît répugner à cela ; mais pour
mûrir ainsi de l'or avec le mercure sans y
rien ajouter, il faudrait bien des siècles pour
le faire cuire ; la dépense serait immense.

Le soufre le plus parfait qui soit dans
le monde, existe dans le mercure où il est
amalgamé par la nature ; c'est ce Soufre qui

en détermine toutes les qualités, qui le fait mourir & ressusciter en or spirituel, pénétrant, & dont une très petite quantité teint cent mille fois plus de métal imparfait en or pur ; les fèces sont séparées en un instant, & la digestion est aussitôt achevée que commencée.

Le mercure, par sa nature, n'est point différent de l'or, mais il faut faire cuire & mûrir. Il ne peut faire cela par lui-même ; il faut y joindre un esprit, en très petite quantité : la Nature opère aussitôt une conjonction secrète & merveilleuse, par le moyen de l'art ; mais ce n'est point l'ouvrage de nos mains, puisque c'est une chose incompréhensible.

Les ignorants ne savent faire autre chose que de mêler l'or avec le mercure ; & ils appellent cet amalgame, l'or animé des Philosophes, dont ils ne retireront jamais le moindre avantage parce qu'il n'y a point de conjonction.

La conjonction philosophique est alternative, & il n'y a pas la moindre confusion entre les choses conjointes, car l'esprit de l'or se mêle avec l'esprit du mercure, aussi facilement que l'eau se mêle avec l'eau, mais souvenez-vous que l'or ne se conjoindra jamais parfaitement avec le mercure sans l'adjonction d'un corps imparfait, par le moyen du feu. Ce corps imparfait est un métal luisant, qui renferme un germe vivant, qui pénètre l'or, l'altère & l'oblige de retenir son âme.

Nous ne cherchons pas à induire dans l'erreur les véritables amateurs de la science hermétique. Nous n'avons pas envie de les engager à travailler sur le mercure vulgaire ; tant qu'il aura la forme métallique, il n'aura point d'esprit ni de feu. Si vous pouvez donner au vif-argent vulgaire l'esprit & le feu qui lui manquent, vous aurez le véritable mercure philosophique. Cela n'est pas impossible ; mais il est bien difficile.

Beaucoup de bons Artistes ont erré dans la conjonction qu'ils ont voulu faire avant le temps convenable, parce qu'ils ignoraient que le mariage philosophique n'est jamais célébré avant la dissolution, qui ne se fait que par le moyen de l'argent & par le feu, qui doivent être contenus dans le menstrue.

La propriété de l'argent est de blanchir ; le feu mortifie & tarit toute l'humidité. Nous devons abandonner la plus grande partie de nos opérations au mercure : il fait toujours ses fonctions quand il n'est pas troublé.

Les Sophistes font cuire de l'or avec le mercure vulgaire, & ils ne trouvent rien, parce que toute la substance de la pierre ne se trouve pas dans ces deux métaux. Le mercure philosophique, lui-même, n'est pas entièrement la matière de la pierre ; ainsi le mercure vulgaire avec l'or ne contenant ensemble qu'une partie de la substance de la pierre, il est impossible de faire une conjonction parfaite, & par conséquent, ils n'engendreront jamais la pierre, même après une cuisson de plusieurs siècles.

L'or est le mâle dans la génération philosophique ; sa semence est cachée dans ses scories les plus abjectes ; mais cela n'arrive qu'après qu'il a fait l'éjaculation de son sperme dans une matrice convenable ; ce même sperme de l'or, doit se mélanger avec le sperme féminin ou d'argent, & doit être fomenté avec une chaleur convenable ; il faut ensuite nourrir l'enfant qui en provient, & lui faire manger sa propre substance.

Dans ce cas, l'on peut faire des merveilles avec l'or, qui, après avoir passé par

cette roue, rendra le centuple & bien au-
delà.

Nous avons déjà démontré que l'or est
le plus parfait de tous les métaux, & nous
ajoutons que ce n'est qu'à cause de cette
grande perfection, qu'il est le père de notre
pierre ; mais il ne fournit pas tout ce qui est
nécessaire au magistère ; il ne fournit que le
sperme qu'il faut lui faire jeter, comme nous
l'avons dit, dans une matrice convenable ;
ce sperme est la partie masculine de notre
pierre, qui n'est autre chose que la semence
propagative de l'or digéré.

Voilà l'or vif des Philosophes ; il est aisé
de voir qu'il faut réincruder l'or vulgaire
avant de le verser dans sa matrice naturelle.

Tout ce qui entre dans le magistère doit
être animé ; tour ce qui est mort doit être vi-
vifié avant de pouvoir être propre à quelque
production.

Revivifiez donc l'or, tirez-en le sperme
d'une manière suave ; rendez-le actif &
convenable à notre magistère. Il vous donnera la première matière de notre pierre, je
veux dire le mâle. Pour lors, on ne peut plus
dire que c'est de l'or ; car il ressemble plutôt

à du cuivre, à du plomb, à une fumée qu'on ne peut faire redevenir or ; en un mot, c'est un corps spiritualisé.

Spiritualisez donc ce qui est corporel, dit Hermès, tirez son ombre jusqu'à sa racine ; l'ombre dont parle ce prince de la Philosophie, n'est autre chose que le sperme de l'or, qui est caché à l'ombre de son corps ; la couleur noire qui paraît dans la putréfaction, est aussi contenue sous l'ombre.

Aristote dit qu'il faut commencer par sublimer le mercure pour le bien purifier avant de lui donner un corps à dissoudre ; mais quel est ce mercure qu'il faut sublimer ? Il y a une infinité de sublimations fausses, qu'il faut tâcher d'éviter pour s'attacher à la véritable, qui doit être purement philosophique ; elle consiste à rendre la matière subtile en la dépouillant de toutes les parties terrestres dont elle est enveloppée.

Cela arrive de la même manière que la terre s'obscurcit par l'éclipse de lune, qui par l'interposition de la terre est privée de la lumière du soleil.

Cette sublimation se fait dans la sphère obscure de Saturne, qui est couverte d'un nuage épais pendant un certain temps.

Jupiter prend ensuite la place de Saturne ;
il remplit le ciel d'un nuage éclatant, & il
fait distiller une rosée suave sur la terre, qui
s'amollit d'une manière admirable. Ensuite,
des vents impétueux s'élèvent dans ses entrailles. Ces vents soulèvent la pierre en
haut, pour la mettre à la portée de recevoir
les influences astrales, qui la renvoient en
bas, sur la terre, pour se nourrir & se revêtir
d'un corps naturel.

Voilà l'explication de l'énigme des
Philosophes, qui disent tous : faites recevoir
à la pierre la vertu des choses supérieures &
inférieures. Ainsi, ni l'or ni le mercure ne
peuvent fournir la première matière de la
pierre, avant qu'on ait tiré la teinture de l'or
par le moyen du mercure dissolvant.

Cette teinture se vivifie aussitôt qu'elle
paraît, car elle est morte tandis qu'elle est
encore contenue dans le corps de l'or. Voilà
la matière des anciens Philosophes qui ne
paraît qu'après que l'Artiste lui a ouvert la
porte pour sortir de sa prison.

Tout le monde connaît cette matière,
dont on peut facilement tirer le mercure qui
y est très caché ; c'est le mercure philosophique qui tue l'or ; c'est la terre philosophique

où l'on peut faire germer l'or. Donnez à cette terre un époux qu'elle aime & qu'elle désire ardemment ; mettez-les ensemble dans le lit nuptial, où vous les laisserez jusqu'à ce que le mercure, par sa nature, eût produit un enfant philosophique & royal, dont le père est l'or & la mère l'argent, & rien n'est plus vrai que cette expression.

Nous avons rapporté tout ce que les Philosophes ont dit de plus intelligible sur le sujet de leur pierre, sur leur mercure, & sur les soufres d'or & d'argent.

Il ne reste plus rien à expliquer que le fourneau, le vase & le feu du troisième de-gré.

Le fourneau doit être fait de terre cuite, le vase doit être de verre, & il faut un feu élémentaire.

Nous ne devons nous étendre ici que sur les choses qui sont absolument nécessaires à l'ouvrage, car les choses vulgaires nous sont connues d'une autre manière qu'aux Sophistes qui n'ont & ne peuvent avoir aucune connaissance de nos matières ; car notre feu, notre vase, notre fourneau sont tous des secrets qui ne sont connus que des véritables Philosophes ; c'est du moins le sentiment de Sendivogius, de Raimond Lulle, & de Flamel, qui assurent que le feu, le vase & le fourneau ne sont qu'une seule & même chose.

Le feu excite les corps & les met en fermentation plus que le feu matériel ; c'est pourquoi on dit que le vin ardent est un feu très fort.

Quand les Philosophes disent qu'il faut brûler leur cuivre avec un feu très fort, les Sophistes croient qu'il faut faire un feu de charbon.

Le mercure philosophique contient trois feux, qui sont le feu naturel, le feu inné, & le feu artificiel.

Philalèthe a donné la composition du mercure philosophique aussi bien que Flamel ; quoique ces deux Adeptes ne fussent pas contemporains, on serait cependant tenté de croire qu'ils se sont donné le mot pour écrire la même chose, ou qu'ils se sont copiés l'un l'autre. Quoi qu'il en soit, voici leur procédé, & je pense que si l'on savait les entendre, on ne manquerait pas de réussir.

Prenez du plomb philosophique, amalgamez-le avec du vif-argent ; broyez la

composition dans un morbier de fer, avec
de l'eau de pluie distillée ; il en résulte un
amalgame très blanc que vous mettrez dans
une cornue de verre avec son récipient, bien
luté, & vous ferez distiller le mercure que
Philalèthe appelle son aigle. Il faut cohober
le mercure jusqu'à neuf fois sur la résidence
du plomb, dans la cornue : après ces opérations, le mercure, ainsi préparé, doit dissoudre l'or radicalement, & le réduire en teinture philosophique, selon Philalèthe ; mais
je pense que ce mercure ne produira jamais
un effet pareil, si l'on n'y ajoute la colombe
de Diane. Qu'est-ce que cette colombe de
Diane ? Les Auteurs en ont beaucoup parlé ;
mais nous n'en sommes guère plus savants.
Suichten pense que la colombe de Diane
n'est autre chose qu'une dissolution d'argent de coupelle, qu'il faut introduire dans
le mercure ; mais Becher n'est pas du même
sentiment, il assure qu'il existe un minéral
dont le sel est plus fort & plus pur que celui
de la marcassite. Si l'on emploie ce minéral
en place du plomb argenté, le mercure est
promptement acuité & se trouve en état de
dissoudre l'or radicalement.

Flamel emploie un plomb martial, qui donne au mercure la force d'échauffer le soufre d'or volatil, qui s'imprègne de soufre philosophique, pour produire l'hermaphrodite des Philosophes, qui est mâle & femelle tout à la fois, & qui est un soufre vivifiant ; mais il faut un aimant pour attirer ce soufre, après avoir amolli le corps où il est renfermé.

COMPOSITION
DU MERCURE PHILOSOPHIQUE ;
SELON PARACELSE.

Prenez deux onces d'argent, très pur, sans alliage ; réduisez-le en limaille, que vous ferez rougir dans un creuset, & vous y ajouterez une once de régule martial : faites fondre le tout ensemble ; ajoutez-y deux onces de mercure précipité ; couvrez le creuset, laissez-le sur le feu pendant un quart d'heure, au bout duquel vous le retirerez & le laisserez refroidir.

Pilez ensuite la composition dans un mortier de marbre, lavez-la avec de l'eau de pluie distillée, jusqu'à ce que vous en ayez séparé toutes les scories, & que l'amalgame soit aussi brillant que de l'argent de coupelle.

Mettez cet amalgame dans une cornue de verre, avec son récipient, bien lutté ; placez-le sur un feu de sable, toute la substance du mercure passera en mercure coulant : voilà l'aigle des Philosophes, mais il faut répéter la distillation de ce mercure jusqu'à dix fois, en ajoutant de l'argent de coupelle & du régule martial.

COMPOSITION
DU RÉGULE MARTIAL.

Prenez neuf onces d'antimoine, faites-les fondre dans un creuset, séparez-en les scories.

Prenez ensuite quatre onces de fer doux, on peut prendre des rognures de clous de cheval ; faites-les rougir dans un creuset, & jetez-les ainsi dans l'antimoine en fusion ; il se fera sur-le-champ une grande ébullition ; car l'antimoine dévore tous les métaux à l'exception de l'or. Couvrez le creuset avec un couvercle qui joigne bien, laissez-le ainsi

pendant un quart d'heure. Ajoutez-y ensuite deux onces de sel de nitre & autant de
sel de tartre raffinés & incorporés ensemble; remuez bien avec une spatule de fer;
vous verrez paraître une étoile éblouissante
dans le creuset; séparez les scories autant
qu'il sera possible, & versez le régule dans
un creuset de fer que vous frapperez avec
une baguette pour faire précipiter le régule & surnager toutes les scories que vous
pourrez détacher facilement du régule, qui
restera beau, clair, pur, & d'un jaune aussi
éblouissant que l'or.

Voilà la véritable composition du régule
d'antimoine martial avec lequel on peut
faire des merveilles dans la Chimie & dans
la Médecine; mais nous croyons qu'il est de
notre devoir d'avertir nos Lecteurs & ceux
qui exécuteront ce procédé, de ne pas se
laisser séduire par cette belle couleur d'or;
car si l'on ne connaît pas le premier agent
métallique, on ne réussira que très difficile-
ment, & par hasard, à faire la conjonction
de l'or avec le régule.

Si l'on voulait être un peu attentif en
composant ce régule avec du fer & de l'antimoine vulgaire, tel qu'on le vend chez les

Droguistes, on pourrait acquérir de grandes lumières qui conduiraient peut-être à la connaissance du véritable antimoine ou azoth des Philosophes : car si l'on veut examiner les merveilles que ce régule présente dans le fond du creuset, on y verra d'abord une séparation parfaite, & ensuite une réunion des trois Principes, pourvu qu'on soit exact à observer les doses, & qu'on sache choisir un temps convenable pour faire cette opération, dont le succès dépend absolument de la position d'une Planète.

Voici ce que nous avons pu découvrir à l'égard des colombes de Diane, après avoir consulté les ouvrages des meilleurs Philosophes.

Prenez du sel de tartre pur, arrosez-le avec de l'huile ou esprit de tartre jusqu'à ce qu'il soit bien saturé : mettez-le dans un matras de verre avec son chapiteau & récipient bien lutté, & faites distiller jusqu'à siccité.

Vous extrairez le peu de sel fixe qui restera dans le matras après la distillation ; vous le ferez calciner dans un creuset avec un feu de fusion, vous le remettrez dans le matras & cohoberez dessus la liqueur que vous en avez retirée en distillant. Vous distillerez de nouveau comme la première fois, & répéterez cette opération jusqu'à ce que le sel fixe ait absorbé tout l'esprit de tartre, ce qui arrive ordinairement à la septième distillation.

Versez ensuite de l'esprit de vin rectifié sur ce sel de tartre ainsi imprégné de son esprit, & faites distiller jusqu'à ce que le sel fixe ait tout absorbé l'esprit de vin ; vous aurez un sel imprégné de deux esprits sympathiques, qui sont conjoints avec un corps convenable.

Voilà les colombes de Diane qui ont la vertu de faire sortir le soufre arsenical qui est contenu dans le régule martial d'antimoine philosophique.

Quand on a le bonheur de réussir en faisant les colombes de Diane, il est bien facile de convertir toute la substance du régule en vif-argent coulant, semblable extérieurement au mercure vulgaire, mais qui renferme d'autres propriétés admirables.

Le mercure qu'on tire ainsi du régule par le moyen des colombes de Diane, est imprégné de soufre d'or crud, participant en outre d'une vertu martiale ; on peut le sublimer avec du vitriol & du nitre, & en-

viron un gros d'or en chaux par chaque livre de mercure, qui a la vertu de dissoudre
l'or radicalement, parce qu'il contient une
vertu martiale apéritive, que le bon Flamel
appelle sabre calybé de Mars.

Ayant ainsi mêlé du vitriol, du nitre pur,
& de l'or calciné avec le régule martial antimonial, réduit en mercure coulant, faites
digérer le tout ensemble dans un matras
fermé avec un chapiteau aveugle, dans le
fumier de cheval pendant quinze jours, au
bout desquels vous trouverez votre amalgame converti en cinabre éblouissant, que
vous revivifierez en le jetant dans de l'eau
de pluie bouillante. Tous les sels se dissou-
dront dans l'eau, & votre mercure reparaî-
tra avec un nouvel éclat, que vous pourrez
augmenter prodigieusement, en répétant
cette digestion au fumier jusqu'a sept fois ;
mais il ne faut pas oublier de remettre chaque fois de nouveau sel de nitre & autant de
vitriol romain purifié.

Cette opération est un peu longue & en-
nuyante ; il faut quatre mois pour la conduire à sa perfection ; mais si l'on pouvait voir
d'avance l'éclat éblouissant de ce mercure
ainsi préparé, & les grandes connaissances

qu'il peut procurer, on ne regretterait pas le temps qu'exige ce travail, qui d'ailleurs se fait les trois quarts & demi dans le fumier de cheval, sans qu'on soit obligé d'y toucher, parce que le fumier peut conserver une chaleur égale pendant quinze jours.

Tout ce procédé est conforme à la doctrine de Philalèthe qui paraît se borner à mercurifier le régule.

Jean de Solis prétend qu'en mêlant le mercure d'antimoine martial avec le mercure vulgaire, on engendre un dragon vivant qui est le véritable mercure des Philosophes, qui dissout l'or radicalement ; mais je ne voudrais pas garantir que ce procédé pût produire un pareil effet.

La méthode de préparer le soufre des Philosophes, est un des plus grands secrets de l'Art ; on peut le découvrir en analysant les métaux, en les réincrudant ou réduisant en première matière, laquelle il faut conjoindre avec une autre matière de la même espèce métallique & faire cuire la composition pour avoir la teinture universelle.

Les Philosophes assurent que l'or & l'argent sont la base de la pierre, c'est du moins le sentiment général ; mais il y a des personnes qui veulent & assurent qu'il n'y a qu'à ajouter de l'or au mercure ; d'autres tirent une conséquence différente, & se bornent au soufre d'or avec le mercure.

Mais la plus raisonnable de toutes les opinions est de mettre du sel de Nature avec le soufre & le mercure, qui font la base de la pierre. Le soufre doit être tiré du corps de l'or calciné, & le mercure doit être tiré d'un argent de coupelle réduit en première matière ; c'est le sentiment de Raymond Lulle.

Le mercure extrait d'un corps métallique imparfait peut être convenable au magistère, parce qu'il peut très facilement s'imprégner de la teinture de l'or & de l'argent, & porter une teinture abondante dans tous les métaux imparfaits.

Les Philosophes connaissent un triple mercure qui cependant ne peut avoir cette qualité qu'après trois opérations différentes, qui sont la calcination & la sublimation de la matière qu'ils veulent réduire en mercure philosophique, l'imprégnation de la teinture d'or réincrudé, & la rubification.

Quand on fait la première sublimation du mercure, il faut faire les travaux d'Hercule, dont les Soldats sont si effrayés en

voyant tant de métamorphoses différentes,
qu'ils meurent tous : le mercure reste seul,
mais Diane & Vénus le protègent.

Geber dit que le mercure des Philosophes
n'est pas du mercure vulgaire, ni dans sa nature, ni dans sa substance ; mais il affirme
qu'ils sont sortis, l'un & l'autre, de la même
source ou minière.

Le mercure philosophique contient son
soufre, qui, par le moyen de l'art, se multiplie à l'infini. La moitié de sa substance est
naturelle, & l'autre partie est artificielle ; ce
qu'il contient intérieurement est naturel, &
se trouve après un travail ingénieux ; on ne
peut le faire paraître que par le moyen d'une
sublimation philosophique ; car ce qui par-
tait extérieurement est accidentel. Il faut
séparer toutes les impuretés, tant intérieures qu'extérieures, pour faire paraître ce qui
est caché.

Le mercure philosophique, ou la matière
dont on le tire, a tellement été souillée dans
son origine, qu'il faut un triple travail pour
le purifier de toutes les impuretés qu'il a
contractées dans la minière.

Le vif-argent a une hydropisie invétérée,
dont il est bien difficile de le délivrer ; on

en vient pourtant à bout avec un souverain remède qui existe dans le règne minéral.

Sa plus grande maladie provient d'une eau grasse, limpide & très impure qu'il renferme dans son corps, & qui a infecté toutes les parties. Cette maladie ne lui est pas naturelle ; il est évident qu'elle est accidentelle, & c'est pour cela qu'elle est curable. On peut en séparer toutes les impuretés, en le mettant dans le bain humide de la Nature & dans un bain sec pour faire évaporer tous ses flegmes. Après sa troisième purification, le serpent se dépouille de sa vieille peau & paraît avec un corps neuf & philosophique.

Le mercure philosophique a besoin de deux sublimations ; la première consiste à en séparer toutes les superfluités grossières : la seconde sublimation lui donne ce qui lui manque, c'est-à-dire le soufre de Nature dont il a le grain & le ferment ; car le mercure contient tout ce qui lui est nécessaire, mais il n'en a que pour soi-même ; & si l'on veut qu'il soit dans le cas d'en fournir aux autres corps imparfaits, il faut augmenter son soufre & le multiplier jusqu'à ce que la première porte du sanctuaire philosophique soit ouverte.

La lumière qui brille autour de Vénus, &
les petites cornes de Diane, sont des guides
que Dieu vous présente pour vous conduire
dans le jardin des Philosophes, à l'entrée duquel vous trouverez un horrible dragon que
vous devez vaincre pour pénétrer jusqu'à la
source de la fontaine qui se divise en sept
ruisseaux.

Celui qui cherche la médecine universelle hors du règne minéral, est dans l'erreur. Il
faut chercher la multiplication des métaux
dans les métaux mêmes & non ailleurs.

Les métaux parfaits contiennent une semence parfaite, mais elle est cachée sous une
croûte bien dure. Celui qui pourra amollir
cette croûte avec un adoucissant philosophique, parviendra sûrement au comble de
ses désirs ; mais ne perdons jamais de vue
ce point essentiel, que l'or seul contient la
semence de l'or.

Philalèthe dit que l'aimant philosophique est une masse remplie de sel. Sans ce
sel, il est impossible de calciner l'or.

Hermès & d'autres Philosophes disent
que le mercure martial & le mercure antimonial ne pourront jamais s'incorporer &
produire un métal parfait à cause de l'oppo-

sition qui se trouve entre l'antimoine & le
fer ; mais il enseigne un moyen bien simple
pour rendre amis ces deux métaux contraires de la manière suivante.

Prenez le régule dont nous avons donné
la composition plus haut ; réduisez-le en
poudre dans un mortier de fer, séparez-en
les scories & précipitez le régule ; pulvérisez
ensuite les scories martiales, mettez-les dans
un creuset sur un feu de braises pour faire
évaporer les parties antimoniales. Cette
poudre martiale aura toutes, les propriétés
du fer calciné avec le soufre commun ; elle
se résoudra en une liqueur aigrelette, dans
laquelle des cristaux de vitriol précieux se
formeront.

Joignez ensuite ce vitriol ou mercure
martial, qui contient l'âme de l'or, avec le
mercure d'antimoine, ou avec du régule non
mercurifié, & vous verrez l'étoile dont parle
Flamel. Ces étoiles paraissent toujours selon
ce procédé, pourvu toutefois qu'il soit ponc-
tuellement exécuté. Elles sont éblouissantes
& de différentes couleurs, selon le temps, la
saison, la température de l'air.

Ce mercure martial contient un feu
dévorant qui paraît lorsqu'on le mêle avec

une terre sulfureuse imprégnée d'esprit de rosée.

Tous les corps parfaits contiennent un mercure qui renferme une humeur balsamique & propre à purifier le vif-argent; mais les soufres arsenicaux & externes ne sont que des scories qu'il faut rejeter, si on n'a pas le secret de les purifier pour les employer à purifier les autres métaux.

Quoique ces soufres soient imprégnés d'une âme d'or, ils n'ont cependant pas la propriété d'épaissir & de coaguler le mercure vulgaire; ils en attirent seulement ce qui est de leur genre.

Le feu de l'or n'est pas, lui seul, suffisant pour brûler toutes les scories qui se trouvent dans le mercure vulgaire, qu'on amalgame avec le régule; la véritable cause de cette insuffisance provient de la grande quantité de soufre arsenical qui est contenu dans le mercure double du régule; mais on peut le dissoudre artificieusement & d'une manière qui est toute naturelle, car il n'attire du mercure vulgaire que ce qui lui est analogue.

Le régule d'antimoine martial, broyé avec autant pesant d'antimoine, font un mélange qui présente de belles choses. On

y joint ordinairement un huitième de mercure vulgaire pour développer le mercure
d'antimoine martial qui, se trouvant dégagé
& délivré de ses satellites, se précipite au
fond du vase, pourvu que la nature soit ai-
dée par une digestion au bain-marie ou au
fumier de cheval.

Le mercure d'antimoine martial contient
toujours quelques parties de la semence pri-
mordiale de l'or ; mais le plus grand incon-
vénient est qu'il faut employer du mercure
vulgaire pour extraire le mercure d'antimoine ; sans cela le mercure d'antimoine martial se trouverait animé.

On dira peut être qu'il ne serait animé
qu'après beaucoup de purgations réitérées,
pour le délivrer des différents soufres impurs qui sont contenus dans l'antimoine ;
mais je puis certifier que le mercure extrait
du régule d'antimoine martial, est dépouillé
entièrement de tout soufre impur & combustible, qu'il ne reste que le soufre d'or qui
ne peut être lésé par le feu ; le feu, dans la
confection du régule, n'épargne que le soufre d'or, & brûle & détruit tous les soufres
communs & impurs.

Pour vous assurer de cette vérité, faites l'extraction du soufre de l'antimoine
crud, de manière que ce soufre ex-trait de
l'antimoine ressemble au soufre commun,
sans aucune différence, & que l'antimoine
conserve sa forme extérieure. Faites fondre
cet antimoine, & jetez dans le creuset, un
morceau de fer assez échauffé pour jeter des
étincelles ; faites, en tout, comme si vous
vouliez faire un régule d'antimoine martial ; vous verrez que l'opération ne réussira
pas, & que le fer demeurera intact. Vous
ne réussirez pas, parce que l'antimoine est
dépouillé de son soufre combustible, par le
moyen, duquel le fer se dissout dans l'antimoine en fusion.

Mais on dira, peut-être, que le germe
de l'or qui est contenu dans le fer, n'est
qu'une vapeur spiritueuse, car il paraît que
Philalèthe le pense ainsi. Je répondrai à cela, en demandant à mon tour pourquoi ce
feu volatil, qui n'est point lié par le mercure
martial, ne s'envole-t-il pas dans tous les
feux de fusion qu'on peut lui faire subir, &
pourquoi rien ne le retient-il que l'antimoine ? Pourquoi délaisse-t-il son ancien hôte,
le mercure martial, qui est dans le mercure

antimonial, & qui est bien plus précieux ?
D'où vient cette ingratitude ? Pourquoi
cet esprit d'or, sans corps d'or, est-il caché
dans le fer seul, dans la maison du Bélier ?
Pourquoi fait-on un si beau régule avec le
fer ? C'est parce qu'il contient une bonne
quantité de soufre d'or.

Philalèthe dit (chap. II) que tous ceux
qui ont travaillé sur le cuivre ont perdu leur
temps ; mais que le mercure vulgaire & antimonial contient un soufre fermentatif &
actif, dont un grain préparé peut coaguler
tout son corps, pourvu qu'on en sépare les
impuretés & terrestréités. Quoique cela pa-
raisse très vrai, il ne faut cependant pas suivre cette doctrine à la lettre, c'est le conseil
que nous donnent plusieurs Auteurs éclairés sur ce sujet.

La matière générique & prochaine dans
le règne minéral, est une substance qui a
la forme du mercure ; elle est pondéreuse
comme le mercure. Il est indubitable que
cette même substance a la vertu de réduire
en mercure tous les corps métalliques. Tous
les métaux, dit Arnaud de Villeneuve, sont
composés de mercure, & peuvent être réduits en mercure.

La Nature forme tous les métaux avec le vif-argent, par le moyen d'une substance sulfureuse : on s'assure de cette vérité en faisant coaguler du mercure par la seule vapeur du soufre.

Geber assure aussi que le vif-argent est le principe de tous les métaux, & qu'il ne se coagule que par le moyen d'un soufre arsenical.

Les Philosophes parlent ici du mercure fluide métallique, sans aucune préparation philosophique.

Le mercure vulgaire est un don de Dieu, une chose précieuse qui contient tout ce qui est nécessaire dans le magistère. Tous les métaux inférieurs contiennent une partie de cette même substance ; mais elle est impure. Il faut en séparer les superfluités grossières par le feu & le soufre qui a la vertu de déterminer en or toutes les parties qui l'environnent dans la minière se développe.

Voilà pourquoi Bernard dit que le dissolvant n'est point différent de ce qu'on cherche à dissoudre, si ce n'est par la digestion & par la maturité qui a converti en métal.

Il n'y a point d'eau naturellement réductible, qui puisse dissoudre les métaux ; le
vif-argent seul a cette propriété, toutes les
autres dissolutions ne peuvent être d'aucun
avantage.

Joignez donc le mercure crud avec son
corps, par le moyen d'un esprit, & le corps
sera dissout dans la première cuisson ; mais
gardez-vous bien d'altérer ce mercure avant
de le conjoindre avec son corps ; car il doit
rester dans sa fluidité métallique. Il faut
seulement en séparer les scories, en le subli-
mant avec du sel commun.

Tout ce qui est en proportion naturelle
doit rester en espèce mercurielle dans l'œuvre. L'on peut faire une conjonction intime,
du mercure d'antimoine martial avec son
corps, par le moyen d'une sublimation particulière, par laquelle on vient à bout de séparer toutes les superfluités grossières, & il
en résulte un dissolvant universel, tel qu'il
le faut pour faire la pierre.

Les Philosophes ne conseillent point
d'employer le mercure vulgaire ; ils recom-
mandent, au contraire, de faire usage du sel
de nitre, de la terre vierge, & des autres sels

de toute espèce ; mais ils défendent tous de rien chercher hors du règne minéral.

Si Hermès venait nous révéler la matière, & nous mettre en main tout ce qui est nécessaire au magistère, nous n'en serions pas plus avancés, si nous ignorions les secrets de la Nature, nous finirions par où il faudrait commencer. Si les Philosophes n'avaient pas connu toutes ces difficultés, ils n'auraient pas écrit d'une manière si intelligible, quoique sous l'énigme.

Geber dit qu'il faut purger le mercure jusqu'à ce qu'il soit très blanc ; mais il ne dit pas quel moyen l'on emploie pour le purger ainsi. Le même Auteur ajoute que, si l'on purifie le mercure en le rendant subtil, on aura une teinture au blanc. Il semble qu'il veuille indiquer en quoi consiste cette opération, en disant que le vif-argent a un double soufre & une double humidité. L'une est contenue dans son centre, où elle est dès le commencement de sa mixtion ; l'autre est extérieure & corruptible, qui provient de différents accidents auxquels il a été exposé dans la minière. Il est impossible d'en séparer la première, parce qu'elle tend à la perfection du corps, & rend incombustible

le soufre parfait qui est contenu dans le vif-
argent ; l'autre humidité en est séparable ;
mais il faut un travail pénible. D'après toutes ces difficultés, Geber conseille de prendre la pierre dans un autre sujet, qu'il dit
avoir indiqué dans le commencement de
son Livre ; & il ajoute que celui qui n'a pas
un esprit pénétrant, ne parviendra jamais à
comprendre ce qu'il a voulu dire.

Geber, Bernard, & Arnaud de Villeneuve
assurent qu'il ne manque qu'une coagulation & une digestion au mercure vulgaire
qui est dans la minière, pour en faire un métal parfait.

Les anciens Philosophes ont préparé
leur mercure en suivant les opérations de
la Nature ; ils y ont ajouté de l'or, & l'ont
fait mûrir en observant les degrés de chaleur
naturelle.

Ils ont ajouté de l'or à leur mercure, parce qu'il contient un soufre différent de celui
qui est renfermé dans le mercure, & parce
que le soufre de l'or est plus parfait, plus
mûr & plus digéré que le soufre du mercure.
Voilà pourquoi l'Artiste est bien plus prompt
dans ses opérations que la Nature.

L'or n'est autre chose que du mercure digéré & coagulé : desséchez donc le mercure, & ajoutez-y de l'or ; le mélange des deux spermes produira la pierre. Cela se fait par une conjonction admirable, de la même manière que la Nature fait l'or dans les minières du Pérou.

Nous ne nous étendons sur cette matière, qu'à cause que peu de personnes la connaissent ; ceux qui comprennent bien cette conjonction pourront, avec l'aide de Dieu, parvenir à l'accomplissement du magistère, dont le succès dépend entièrement de la connaissance d'un sel qu'on reconnaît facilement à l'odeur, comme le dit ingénument Flamel.

Philalèthe a bien raison de se moquer de ceux qui cherchent ce sel dans la rosée du mois de Mai, & dans l'eau de pluie des deux équinoxes. Ceux qui cherchent le mercure des Philosophes dans ces choses perdent leur temps & leur huile.

Souvenez-vous bien de cet axiome qui subsistera éternellement. Le mercure métallique contient tout ce qui est nécessaire au magistère. Riplé dit qu'il faut joindre le genre avec le genre, l'espèce avec les espèces. Bernard ajoute au raisonnement du précédent que, pour faire la médecine universelle, il faut joindre deux choses de la même espèce & que tout le secret consiste dans l'union du mercure fixe avec le mercure volatil, ou corporel & spirituel.

Nous avons déjà dit, & nous le répétons encore, que tous ceux qui travaillent hors du règne minéral, perdent leur temps & ne trouveront jamais rien ; parce qu'il n'est pas possible de faire ou perfectionner des métaux avec une chose qui n'est pas métallique. Ne cherchons donc jamais le mercure philosophique hors du règne minéral. Quiconque voudra faire des recherches ailleurs sera toujours dans l'erreur ; tous les Philosophes sont d'accord sur ce point essentiel.

La Philosophie, avec tous ses secrets, ne saurait faire un métal sans employer une chose métallique, comme on le voit dans la projection ; quoique la pierre soit fermentée avec des parties métalliques les plus pures, elle ne produit cependant jamais un métal parfait, si on ne la projette auparavant sur un corps métallique parfait, qui lui soit analogue & sympathique.

Tous les effets merveilleux que produit
la pierre, ne proviennent que de la conjonction & union parfaite de l'or & de l'argent,
qui ont une grande affinité ensemble. Celui
qui voudra faire le contraire de ce que nous
venons de dire, travaillera contre le bon
sens, & contre tout ce que peuvent lui indiquer les expériences chimiques.

Abandonnez donc tous vos sels facti-
ces; attachez-vous au sel de nature; vous
le reconnaîtrez à l'odeur, comme nous vous
l'avons déjà dit. Vous verrez que les Philosophes ont dit la vérité en assurant que le
sel & l'or renferment tout ce qui est nécessaire à la composition de la pierre.

Quoiqu'on donne à cette matière le nom
de sel de Nature, il ne faut cependant pas
la chercher dans un sujet qui ait la forme
de sel extérieurement; écoutez ce que dit
Geber : Celui qui veut chercher la teinture
des métaux ailleurs que dans le vif-argent,
entre dans la pratique comme un aveugle.

Le mercure des Sages est une substance
métallique très pure, qui contient un soufre spirituel par le moyen duquel la pierre se
coagule.

Cette substance métallique est double ;
elle est sèche & humide ; elle n'est bornée
qu'à cause qu'elle est ornée de son soufre
qui occasionne la coagulation, & qui avec
le temps, fait une teinture parfaite.

La Nature produit tous les métaux dans
les minières par le moyen d'un seul sperme,
en cuisant & digérant le mercure seul qui
contient deux éléments qui sont l'eau & la
terre : l'eau est active, & la terre est passi-
ve.

Le feu & la terre exercent leur empire
dans le même sujet ; mais quand la digestion & la coagulation sont faites, il en résulte un métal sans le secours d'aucune autre
chose étrangère. La différence des métaux
dépend des différents accidents ; & lorsque
la Nature n'est pas troublée dans ses opérations, elle fait de l'or parfait avec le seul
mercure vulgaire, quand rien ne l'empêche
de séparer les superfluités grossières qu'il est
presque impossible de séparer par le moyen
de l'art.

Le mercure ne s'incorpore jamais avec
un corps métallique quelconque, si auparavant on ne lui fait subir une préparation parfaite. Il est impossible de faire une conjonc-

tion fiable & parfaite, sans le secours d'un esprit. L'adhérence ne se trouve que dans les esprits, qui seuls peuvent pénétrer les corps ; mais il faut les purifier, les altérer, les sublimer, les dessécher & les exalter pour les dépouiller de toutes leurs impuretés : après toutes ces opérations, on peut en extraire la quintessence qui convient au magistère.

Le mercure contient une cause de corruption dans sa partie terrestre & combustible avec une substance aqueuse. Il faut en séparer toutes ces superfluités par le moyen du feu, &, comme dit Geber, par le mélange des fèces. Consultez & méditez sur tous les points de la doctrine de ce Philosophe ; c'est le plus intelligible de tous les anciens Auteurs. Si vous avez le bonheur de le comprendre, vous verrez sortir la lumière au milieu des ténèbres les plus épaisses : vous verrez la minière de tous les Philosophes ; mais tâchez de vous garantir de l'odeur infectée qui sortira du sépulcre après que vous l'aurez ouvert.

Lavez l'enfant royal jusqu'à ce qu'il soit éblouissant comme le Soleil, & vous admirerez ce que vous aurez tiré du sépulcre puant. Vous verrez le Prince de tous les métaux, le caducée de Mercure. Les serpents renfermés dans le vase absorberont toute la puanteur, & détruiront tout le poison dont le corps du mercure est rempli.

La base de notre métal double est celle du mercure le plus pur & qui n'a qu'une seule forme.

La Nature nous a ouvert plusieurs chemins pour parvenir à l'accomplissement du magistère ; car nous avons la voie sèche & la voie humide.

La voie humide est la plus noble, la plus ancienne & la plus facile ; mais c'est la plus cachée. Néanmoins, nous allons l'indiquer autant qu'il est possible.

Prenez le plomb des Philosophes, réduisez-le en première matière sans y rien ajouter qui lui soit contraire ; ce plomb antimonial est un métal mixte qui renferme un soufre d'or & d'argent. Faites passer les ténèbres dans la montagne de la fausse Vénus ; séparez la partie fixe de la partie volatile par le moyen d'une calcination convenable, que vous pourrez faire dans un fourneau de réverbère ou dans un four de verrier, sans craindre d'altérer la matière essentielle au magistère, parce qu'elle est incombustible.

Quand vous aurez ainsi préparé le plomb antimonial ou azoth des Philosophes par le moyen du feu, l'eau pénétrera tous les interstices de la terre, & formera la chaîne d'or d'Homère. La sentence d'Hermès s'exécutera, en ce que les choses d'en bas seront semblables à celles d'en haut.

Aussitôt que votre terre sera imprégnée, elle produira des fleurs admirables, c'est-à-dire que la matière se convertira en mercure philosophique ou en eau qui ne mouille pas les mains. Cette eau engendrera plusieurs petits poissons. Le premier qui paraîtra, sera la rémore, très petit poisson qui arrête cependant un gros vaisseau aussitôt qu'il s'y attache. L'on voit ensuite paraître l'oiseau d'Hermès en l'air : le feu fera germer les semences de l'or & de l'argent, & l'on verra longtemps des bêtes marcher sur la terre & grimper au haut des montagnes les plus élevées, où vous verrez paraître une fleur dorée & argentée qu'on appelle Calendule. Vous cueillerez cette fleur & vous la sacrifierez au mercure qui la dévorera avec avidité ; aussitôt qu'il l'aura mangée, les ailes lui croîtront aux pieds & aux mains, & il montera aussitôt sur son trône, parce que les bons sont encore mêlés & confondus avec les méchants qui sont des meurtriers & empoisonneurs qui habitent dans la terre philosophique.

Le feu les détruira tous, & occasionnera le déluge, mais il faut que l'arche de Noé soit bien fermée & bien remplie de toutes les provisions nécessaires à la subsistance de tous ceux qui y sont renfermés ; car il ne faut pas les laisser mourir de faim, tandis qu'ils sont ensevelis dans les ondes.

Au bout de quatorze jours, celui qui convoquera les demi-Dieux, paraîtra plein de joie pour couronner ceux de ses sujets qui sont de sa race. Lui seul sera le maître du ciel & de la terre, & il vivra jusqu'à ce que le mercure philosophique soit préparé & orné de toute la parure que Dieu lui a donnée à sa naissance.

Nourrissez l'enfant royal Prince des Indes avec la viande qu'il peut digérer : vous aurez soin de lui en donner en juste proportion ou quantité ; car les deux excès lui sont également funestes, c'est-à-dire le trop ou trop peu. Il doit avoir une chaleur convenable, sans suer ni avoir froid, autrement la végétation de l'enfant royal ne pourrait s'effectuer, ou s'il prenait trop de nourriture, il s'envolerait.

Selon cette méthode secrète, il ne faut rien ajouter d'étranger au mercure ; il suffit d'en séparer toutes les superfluités, & l'on doit abandonner le reste de l'ouvrage à la Nature.

Les Philosophes disent que leur azoth est un électre minéral ; car l'électre métallique est un composé de plusieurs substances différentes des métaux ; mais il faut faire l'analyse de cette matière pour en séparer les trois principes, sel, soufre & mercure, dont chacun contient tous les éléments en particulier.

Le soufre philosophique de Saturne est le père de tous les métaux, quoiqu'en examinant le plomb des Sages, lorsqu'il sort de la minière, on n'aperçoive aucune trace de métal parfait ; la Nature n'a fait que commencer légèrement à opérer en lui, & l'a ainsi laissé imparfait, pour l'empêcher de tomber entre les mains des impies, des avares, & des voluptueux, tandis que celui qui a le cœur droit, craignant d'offenser Dieu, parce qu'il est infiniment bon, celui, dis-je, dont les vues sont légitimes, découvrira bien ce trésor à travers le voile qui l'enveloppe, mais les impies ne le trouveront jamais.

Quiconque connaît la génération des métaux, peut trouver facilement l'azoth des Philosophes avec l'aide du Seigneur ; mais il doit prier & travailler avec assiduité.

Si ce raisonnement n'est pas assez clair, vous pouvez lire les ouvrages de Basile Valentin. Ce Philosophe vous enseignera les chemins que vous devez suivre pour arriver au temple de la Philosophie hermétique ; il vous démontrera toutes les opérations depuis la préparation de la matière par la calcination jusqu'à la multiplication de la pierre ; mais je vous préviens que vous ne trouverez que des énigmes, des allégories, surtout lorsqu'il est question d'indiquer la matière ou pierre des Philosophes, qui se trouve où résident les vapeurs venimeuses qui vous indiquent le lieu, la minière où vous devez chercher notre sujet.

Dieu a créé cette matière métallique en notre faveur : nous pouvons en extraire un corps dur, un corbeau gras, dont nous devons séparer les parties superflues pour n'en prendre que le noyau, qui est un poison mortel, avec lequel nous pouvons faire un Allexipharmacopée.

Quand vous aurez fait cette séparation, vous aurez une eau visqueuse, métallique, diaphane, qui ne mouille pas les mains, qui contient les germes de l'or & de l'argent, ou le vrai soufre philosophique qui est caché dans les règnes de Saturne & du Soleil.

Dès que vous aurez le bonheur d'avoir une once de cette matière, vous pourrez la multiplier à l'infini, sans être obligé de recommencer les opérations préliminaires ; vous aurez en même temps une preuve non équivoque que vous êtes dans le bon chemin.

Si vous suivez la voie humide, vous ferez cuire le composé philosophique avec plus de facilité : on commence avec le feu du premier degré, & on l'augmente successivement jusqu'au quatrième degré pour achever la rubification.

La voie sèche n'a pas les mêmes avantages : on a continuellement à craindre la rupture des vases de verre dans le commencement de l'opération, à cause du feu intérieur qui est renfermé dans la matière volatile qui n'est point humide. En augmentant le feu, on accélère la fixation de la matière ; mais une trop gravide chaleur fait briser les vases, brûle les fleurs, & détruit entièrement la matière.

Celui qui a le bonheur de posséder la teinture universelle, connaît parfaitement la nature humaine, & peut guérir toutes les maladies : il répand la santé avec la même rapidité que le Soleil distribue sa lumière.

La teinture faite par la voie sèche, n'a pas des avantages si parfaits, parce qu'elle participe de la nature des sels dissolubles. Celle qui est préparée par la voie humide consiste dans la simplicité d'un seul sujet, qui, par le moyen d'un travail, qui est à peu près le même dès le commencement jusqu'à la fin, produit ce dissolvant fameux & inaltérable, qui réduit tous les êtres dans leur première matière, qui est le mercure philosophique. Il ne me reste plus qu'à vous indiquer les moyens d'en faire la cuisson avec de l'or pur.

Le sujet que nous employons pour faire la teinture par la voie humide, produit un double mercure qui a la propriété de composer & de détruire.

Si l'on conjoint de l'or corporel avec le premier mercure, il en résulte une teinture métallique parfaite.

Si, par ignorance, l'on conjoignait de l'or avec le second mercure, l'or serait infailliblement détruit & converti en sel volatil, médicinal, qui, étant conjoint avec une autre substance, se convertirait encore en eau élémentaire.

Ces deux mercures sont conjoints si étroitement ensemble, qu'il n'est pas possible de les séparer sans leur faire subir une fermentation convenable.

Dieu a fait cette union admirable pour maintenir le monde dans l'état où nous le voyons, afin qu'à chaque instant nous ayons devant les yeux des objets qui nous fassent penser à une autre vie.

Basile Valentin parle de cette double matière, à l'article de la destruction & séparation du mercure.

Il ne suffit pas de bien connaître la matière de la pierre philosophale ainsi que le feu ; il faut de plus une main adroite pour empêcher la destruction de l'or & le constituer en puissance.

Tout le secret consiste dans la préparation de l'azoth, qu'il faut constituer en putréfaction, si l'on veut le rendre propre à la
génération. Le Laboureur & Sendivogius
nous indiquent assez clairement les moyens
de réussir dans cette opération. Ils disent
que dans le royaume philosophique de
Saturne, on voit dans un miroir toutes les
actions naturelles & tout le système du
monde à découvert : on y reconnaît toutes
les opérations du magistère, la génération
des métaux dans les entrailles de la terre,
& l'état naturel de tous les êtres soumis aux
influences des astres.

Mais venons au second moyen de faire
la pierre par la voie sèche.

On objectera d'abord, que le mercure
vulgaire ne peut devenir mercure philosophique sans le réduire en première matière,
ce qui est très difficile ; mais on doit bien
voir qu'il y a une grande différence entre un
métal parfait & un métal imparfait, entre
celui qui commence à devenir métal & celui qui est métal consommé.

Si le mercure vulgaire est réellement un
métal, il convient d'autant mieux au magistère, & l'on peut dire qu'il a deux coagula-

tions métalliques, dont la première se fait par le moyen d'un bon soufre interne, & la seconde par le soufre antimonial externe ; l'une & l'autre se font naturellement selon l'intention de la Nature.

Ces coagulations étant accidentelles, il est bien facile de les défaire ; car si l'on sépare la cause de la coagulation, la matière reprendra bientôt sa forme primitive ; mais les véritables métaux ne sont pas dans ce cas, parce qu'ils ne sont plus dans la classe du mercure coulant.

Tout métal parfait a subi deux coagulations par l'effet de deux coagulants ; séparez un de ces coagulants, & vous verrez ce que deviendra la matière, vous reconnaîtrez que le mercure vulgaire n'est point un métal, & que c'est plutôt la matière des métaux, qu'il ne lui manque qu'un agent pour le coaguler & le faire résister sous le marteau. Si donc il n'est que la matière ou le principe des métaux, l'on ne peut dire qu'il soit réellement un métal.

Voilà pourquoi le mercure coulant n'est point un métal, c'est plutôt une eau métallique spirituelle, qui est propre à la coagulation métallique où elle est reçue comme dans une matrice naturelle, où elle démontre les effets de sa puissance. Voyez ce que disent sur ce sujet, Bernard, Arnaud de Villeneuve, Geber & tous les anciens Philosophes, qui ne méprisent pas le mercure vulgaire.

Quand vous séparerez les impuretés du mercure, prenez bien garde de le réduire en scories ou terre noire, comme il arrive avec le régule martial, lorsqu'on le met en fusion avec des sels en trop grande quantité, ou lorsqu'on y ajoute trop de fer. Quand on n'observe pas les justes proportions, un régule très pur devient impur, & se convertit entièrement en scories arsenicales.

Le mercure n'est pas toujours également chargé d'impuretés en grande quantité ; mais il faut toujours beaucoup de temps & de patience pour les séparer. Voilà le point le plus difficile.

Il m'est arrivé plusieurs fois d'abandonner du mercure que j'avais réduit en scories noires qui me paraissaient inutiles & que l'air, les influences des astres, convertirent en beau mercure coulant dans l'espace de quelques jours. On fait un double mercure philosophique de cette manière ; mais il faut faire les sublimations du mercure vulgaire

avec des corps qui lui soient analogues, &
ces mêmes corps doivent être choisis dans
le règne métallique, & doivent être un peu
fixes par eux-mêmes, sans être malléables,
comme sont les pyrites.

Il y a deux sublimations qui, à peine, diffèrent l'une de l'autre. On peut exécuter le
procédé de Flamel en cette occasion.

Philalèthe a aussi parlé de ces sublimations ; il est un peu obscur, & ne développe
pas assez la matière pour un commençant ;
mais voici le résultat de son procédé.

1°. Il faut donner un lien au mercure ;
ce lien doit être en proportion discrète, afin
qu'il ne soit pas plutôt nuisible qu'utile.

2°. Il faut un feu minéral & naturel.

3°. Il faut un feu contre nature.

4°. Il faut faire intervenir le dragon ailé.

5°. Il est aussi absolument nécessaire de
se procurer le dragon terrestre.

L'on confie toutes ces matières à
Neptune, sous les auspices de Vulcain.

Le dragon ailé & venimeux, empoison-
nera toutes les bêtes qui sont dans la mer,
& les laissera manger aux aigles & aux vau-
tours.

Le dragon ne pardonnera qu'à la licorne marine ; ensuite, Saturne parcourra le rivage de la mer, & tuera toutes les bêtes qu'il rencontrera sur son territoire, & les jettera dans le Tartare.

Neptune rendra au serpent exténué toute sa vigueur. Le dragon terrestre, en même temps, jettera un regard compatissant sur la licorne marine épuisée de fatigues ; il la ranimera, en deviendra éperdument amoureux, & l'épousera. Ils habiteront ensemble, & deviendront, par là, extrêmement nuisibles à tous les autres animaux venimeux & non venimeux.

Quand le dragon aura habité deux fois avec la licorne marine, elle mourra & exhalera une puanteur si forte, qu'en très peu de temps le dragon terrestre mourra aussi. Peu de temps après, il s'élèvera une horrible tempête dans l'air : cette tempête sera causée par les mauvaises vapeurs du soufre, qui s'élèveront & occasionneront un feu naturel en l'air ; ce feu naturel se mêlera avec le feu contre nature : ce mélange fera un bruit épouvantable ; l'air sera rempli de vapeurs ; le soleil & la lune en seront obscurcis. L'éclipse durera jusqu'à ce que la pleine lune aura fait tomber une pluie abondante ; Mercure fera la paix, la publiera, & l'affichera aux portes du ciel.

Voici l'explication de l'énigme par Bernard.

Tout ceci n'est qu'une sublimation qui se fait par le moyen des corps convenables avec lesquels il faut sublimer la matière de la pierre des Philosophes, dans une cornue ou un alambic de verre ; mais il faut calciner la matière auparavant ; car sans cette calcination, il n'y a point de dissolution à espérer.

Toutes ces opérations sont philosophiques, & diffèrent totalement des opérations vulgaires, quoiqu'elles paraissent être de la même nature & s'accorder ensemble.

La sublimation vulgaire du mercure avec les métaux prouve cette différence ; car elle ne sépare, pour ainsi dire, qu'une très petite partie de terre noire, en comparaison de la grande quantité qu'on sépare par la sublimation philosophique. L'on continuerait cette opération pendant une année entière, qu'on n'en séparerait pas plus de scories, si l'on n'a pas les moyens que nous employons dans notre magistère, parce qu'il faut un médiateur subtil qui ait la vertu de séparer toutes les scories nuisibles.

J'ajouterai que si vous aviez le bonheur de réussir à sublimer l'or par le moyen d'une certaine manipulation qui est possible & très familière aux Adeptes, vous n'en seriez pas plus avancé si vous manquiez dans un seul point essentiel. Pour réussir, il faut, avant toute chose, connaître le feu pur, minéral & métallique, pour purifier le mercure de toutes ses parties arsenicales, terrestres & sulfureuses.

Le mercure chargé de toutes ses scories, reçoit le feu dont nous parlons bien facilement, & il change bientôt de forme, parce que ce feu s'étend partout son corps, qui se dépouille promptement de ses parties terrestres. C'est le sentiment de Flamel que vous trouverez conforme à la vérité, dès que vous serez dans le bon chemin.

Tout ce que nous venons de dire sur ce sujet, est conforme à la doctrine de Philalèthe, dont l'opération est très longue, très puante & très malsaine, à cause des vapeurs antimoniales arsenicales & sulfureuses qu'exhalent les matières qu'il faut employer.

Le procédé que nous venons de décrire est moins long, moins ennuyant; mais il n'est pas exempt de vapeurs venimeuses; c'est pourquoi l'Artiste doit toujours être sur ses gardes, avec un bon contrepoison préparé.

On doit se procurer une eau mercurielle de deux sujets très purs; & si l'on fait cuire cette eau pendant deux mois seulement, elle se précipitera & se fixera en or.

Geber assure que les métaux ont trois principes, qui sont le vif-argent, le soufre & l'arsenic, & que toute coagulation doit être attribuée à l'arsenic & au soufre.

Le mercure philosophique doit être entièrement dépouillé de soufre & d'arsenic par une manipulation secrète, & c'est pour cela qu'il perd sa vertu coagulative & acquiert la propriété de se précipiter par lui-même, sans le secours de l'or.

Si vous amalgamez de l'or calciné, avec le mercure des Philosophes, il se convertira, par un feu tempéré, en précipité éblouissant; vous pourrez faire de l'or avec ce mercure sans y ajouter de l'or, selon le procédé d'Helmont. Ce mercure se précipitera en terre sans feu, & de la manière la plus simple, si vous avez la patience d'attendre, vous aurez de l'or de bon aloi.

Tout métal peut être le sujet de l'art ; l'objet est la teinture dont la fin est de produire de l'or ; par là, on peut voir clairement que la fin résulte du principe.

Si, donc, vous voulez faire un métal, prenez donc le principe du métal que vous avez envie de faire. C'est le terminent de Sendivogius, qui assure qu'on fait des métaux avec les métaux. Si vous voulez faire de l'or & de l'argent, cherchez donc la semence dans ces deux métaux ; joignez les espèces avec les espèces, & les genres avec les genres.

Sendivogius dit qu'il faut joindre l'or avec le mercure, comme avec une chose de son espèce ; mais il faut le spécifier & le réduire en sa première matière ; alors, l'or ne sera plus de l'or vulgaire, mais de l'or philosophique.

Il est évident, par ce que nous venons de dire, que le sujet de l'Alchimie est un métal formel & matériel, car le germe de l'or ne peut exister que dans l'or.

Bernard dit qu'on peut faire la pierre avec tous les métaux, mais plus facilement

& plus promptement d'un que des autres, parce que la matière ou le germe de l'or est plus proche dans l'or que dans le cuivre & les autres métaux.

Sendivogius dit que la Nature primitive est contenue dans tous les métaux, mais qu'elle est bien plus renfermée dans les uns que dans les autres, & que les uns sont bien plus difficiles à détruire que les autres, pour en extraire le mercure philosophique.

Richard assure que l'Alchimie détruit le mercure minéral, & qu'elle lui donne une forme subtile dans la même substance qu'il avait auparavant ; & Geber ajoute, qu'il y a plusieurs sentiers qui conduisent au temple de la Philosophie hermétique. On peut y arriver par la voie sèche & par la voie humide : il faut donc conclure qu'il y a plusieurs sujets dont on peut tirer le mercure des Philosophes, & rien n'est plus évident ni plus certain.

On doit donc bien examiner le sujet qui contient la matière prochaine & celui qui renferme la matière éloignée, & les choisir pour les employer selon la voie qu'on veut suivre.

Selon Paracelse, Roger Bacon, Basile Valentin, les deux Laboureurs & plusieurs autres Philosophes, la matière qui convient à la voie humide est contenue dans un certain sujet minéral que la Nature a produit, & qu'elle a laissé imparfait par défaut d'application ; mais la matière est plus éloignée dans ce sujet qui est resté tel par l'inaction de l'agent sur le patient.

Le sujet convenable à la voie sèche a été calqué par Geber, Arnaud de Villeneuve, Bernard & Philalèthe. Ils assurent tous que les sept métaux contiennent le mercure des Sages, mais il faudrait qu'ils eussent indiqué les moyens qu'il faut employer pour faire l'extraction du mercure philosophique.

Nous voyons donc clairement que le sujet de l'art est un corps métallique destiné par la Nature à devenir de l'or, du genre duquel il doit être nécessairement, & que les métaux imparfaits ne sont restés tels que par accident, par un mélange de choses hétérogènes, ou par un défaut de cuisson ; mais qu'ils ont toujours une disposition à devenir un or parfait. Voilà pourquoi il faut en séparer les parties terreuses & grossières, & le genre de l'or restera dans toute sa pureté.

L'or est une substance très pure, qui ne contient qu'un mercure très pur, qui est cuit pendant un temps considérable par son feu naturel dans son propre soufre, purifié au suprême degré, par le moyen duquel il est épaissi avec le concours de la chaleur externe & modérée.

Voilà pourquoi le sujet de la pierre doit de toute nécessité être du même genre que l'or ; par conséquent, on peut prendre toute sorte de mercure, pourvu qu'il soit bien pur & qu'il ait la nature de l'or, excepté que l'or est fixe, tandis que le mercure est volatil.

Tous les Philosophes conviennent, que pour procéder à la multiplication d'un être, il faut le conjoindre avec son semblable. La Nature ne se multiplie que dans sa propre espèce, & non autrement. Les métaux, par la même raison, ne peuvent se multiplier qu'avec les métaux.

Tout mercure, surtout le vulgaire, contient une quantité incroyable de terre arsenicale, très fixe, avec une très petite quantité d'eau sulfureuse & puante ; séparez du mercure vulgaire toutes ces impuretés, & pour lors il sera un véritable mercure philosophique ; mais le travail est pénible, & il faut une main adroite.

Les anciens ont cherché deux moyens pour convertir le mercure vulgaire en mercure philosophique : ils disaient que si le mercure vulgaire était réellement un corps inférieur, on pouvait en retirer le mercure philosophique. En conséquence, ils ont employé toutes les sublimations & purgations connues pour le délivrer de toutes ses impuretés. Ils l'ont sublimé avec des sels, avec du vinaigre distillé, avec de la chaux vive ; mais toutes ces opérations n'ont abouti à rien. Il faut donc conclure que les Philosophes ont une manière particulière de travailler le mercure vulgaire, si toutefois il est vrai qu'ils le font entrer dans la composition du magistère ; mais il est à présumer qu'ils tirent leur mercure d'un métal beaucoup plus parfait. Cependant, il est très certain qu'il n'existe qu'un mercure dans toute la nature métallique & minérale ; & que si le mercure vulgaire diffère du mercure philosophique, ce n'est qu'accidentellement, & par la seule raison que l'un est pur, & l'autre plein de malpropreté ; mais la base du mercure philosophique est la même que celle du mercure vulgaire.

Le mercure tiré de tout métal ou minéral connu est hétérogène s'il n'est pas tiré de l'or ; mais il doit être tiré selon la méthode philosophique. Il faut préparer l'or philosophiquement, si l'on veut le convertir en mercure philosophique.

Si ceux qui croient qu'on ne peut employer le mercure vulgaire pour en faire un mercure philosophique, avaient vu nos opérations philosophiques, ils reviendraient de leur erreur : ils verraient qu'il est très possible de tirer du noyau du mercure vulgaire cette terre arsenicale, qui est la seule chose qui l'empêche de s'unir radicalement avec l'or pour tourner en putréfaction. Il y a un double moyen de le précipiter en poudre rouge avec un feu violent. Geber & Bernard ont enseigné ces deux moyens, qu'on trouve aussi dans le tombeau hermétique.

Mais il suffit de savoir qu'on doit extraire le mercure d'une substance métallique, & il importe bien peu de savoir si on le tire d'une ou de plusieurs substances métalliques : parce que dans la préparation philosophique, il ne reste que la pure substance du mercure qui devient homogène, dès qu'il est délivré de son soufre arsenical ; alors, il est humide & ne mouille pas les mains ; il est coulant comme la cire sur un feu léger, & aussitôt qu'il est refroidi, il se durcit comme un métal.

Ce que les Philosophes appellent teinture n'est autre chose que le soufre de l'or, qui est cuit dans son propre mercure, par une chaleur convenable qui l'exalte au suprême degré de pureté & de puissance.

L'or n'est autre chose que du mercure épaissi par la chaleur de son soufre interne, qui est secondé par une chaleur externe & modérée.

Sachez aussi que le mercure vulgaire est composé matériellement d'une eau élémentaire qui en fait toute la base. Tout ce composé n'est que de l'eau & du feu réunis. La preuve en est évidente, en ce qu'on le réduit en eau, en le réduisant par un feu violent qui détruit toute sa semence astrale.

Si l'on a le secret de séparer du mercure vulgaire tout ce qu'il a d'hétérogène, on le réduit en alcali ou mercure homogène, en y ajoutant une eau élémentaire qui se détruit dans un instant.

La forme interne du mercure doit être essentiellement analogue à l'élément de l'air & des astres qui sont d'une nature de feu, parce que les corps célestes dardent continuellement des rayons de feu vers le centre de la terre, contre laquelle ils font une répercussion : ils remontent ensuite en passant dans le corps de l'eau élémentaire, où ils se coagulent ; & de cette concrétion il résulte la première matière admirable qui est la base de tous les métaux, qui se cuisent par une chaleur interne qui circule dans les minières : mais avant que cette matière soit parvenue au degré de métal parfait, la Nature doit en séparer une grande quantité d'excréments.

L'or se forme ainsi dans les minières de la seule substance du mercure, par le moyen du feu interne secondé par le feu externe, & sans le concours de ces deux feux, le mercure resterait éternellement coulant.

Toutes les impuretés hétérogènes qui se trouvent mêlées dans cette Coagulation, ne s'y rencontrent que par accident, & contre l'intention de l'agent qui a opéré la coagulation, & qui n'abandonne jamais son ouvrage. Il est probable que la pesanteur du mercure provient de sa semence & de l'eau élémentaire qu'il a contractée en s'épaississant.

L'eau élémentaire se coagule par le moyen d'un soufre astral particulier en un corps opaque & grave qu'on appelle vif-argent, qui devient un or parfait par la cuisson convenable & par la séparation des parties hétérogènes qu'il contient, & c'est alors que la Nature a accompli son dessein.

Le mercure contient un feu interne, & se trouve en même temps environné d'un feu externe dans les minières. Ce feu externe & actuel est occasionné par la grande quantité d'atomes ignés & sulfureux qui se réunissent dans les minières. Ces atomes ont reçu cette propriété de l'Auteur de la Nature, pour coaguler, fixer & cuire le mercure minéral, pour en faire un métal parfait.

Le feu céleste & le feu terrestre sont du même genre ; ils se réunissent facilement pour concourir ensemble à la même opération. La chaleur externe, s'associe insensiblement avec le soufre mercuriel, où il prend un corps. Dans le temps où se fait cette admirable opération de la Nature, le soufre grossier qui se trouve dans le mercure, commence d'en être séparé, comme par force, & se trouve détruit au bout d'un tenu nécessaire.

Après cette destruction de soufre impur, le mercure se trouve purifié & blanchi comme la neige.

Ainsi, l'incorporation d'un feu pur commence le travail & ne l'abandonne pas, s'il n'est empêché par quelque accident, avant qu'il ait conduit le mercure vulgaire au degré de perfection dont il est susceptible, c'est-à-dire avant qu'il n'en ait fait de l'or parfait. Voilà pourquoi l'or est homogène avec tous les métaux imparfaits; mais il n'en est pas de même du mercure, parce qu'il contient plus de feu corporel que tous les métaux inférieurs. La cause de cette différence doit être attribuée au feu concentré dans le soufre mercuriel, où il s'est corporifié; il s'accorde intimement avec la matière aqueuse du corps mercuriel qui n'est pas encore si bien incorporée que l'essence du soufre mercuriel.

Par la même raison, on peut, par le moyen de l'art, séparer le soufre de l'or, en détruisant totalement ce métal & en le conservant en entier; cela dépend des moyens qu'on emploie. Cette vérité paraîtra un vrai paradoxe aux personnes qui ignorent les moyens qu'on emploie pour faire cette séparation ; mais il est très certain que le feu se corporifie dans plusieurs occasions ; on en a une preuve non équivoque, lorsqu'on réduit en cendre le régule d'antimoine martial avec le miroir ardent.

Mais revenons à la teinture qu'on retire de l'or ou du mercure qui lui est homogène, sans y rien ajouter, pour faire cette extraction ; car si l'on y ajoutait quelque chose, la teinture ne serait plus homogène, & par conséquent ne pourrait entrer dans la composition du magistère.

Arnaud de Villeneuve dit qu'il ne faut introduire ni eau, ni poudre, ni aucune autre matière, afin qu'on soit sûr que le mercure qu'on veut employer n'a point été souillé par une substance hétérogène, afin que le soufre de l'or puisse se corporifier ; s'exalter & se multiplier dans le mercure froid.

Quand l'or fixe est conjoint avec l'or volatil, selon les proportions convenables, par les moyens de l'art, il acquiert d'abord une vertu fixative, pénétrative, & il devient son égal en puissance & en vertus. Cela se

fait par deux moyens, qui font l'atténuation
& la cuisson ; car il n'est pas possible de le
conduire à ce point de perfection, sans le
secours d'un feu interne & externe.

Le soufre d'or volatil commence par
s'insinuer peu à peu dans le soufre d'or fixe
ou corporel, où il prend toujours un prompt
accroissement, pourvu qu'il ne rencontre
aucun obstacle ; & par le moyen de ce feu,
il parvient au plus haut degré de perfection dont il est susceptible ; voilà pourquoi
les Philosophes disent que leur teinture est
l'enfant du feu, parce que sans le feu, cet
enfant n'aurait jamais vu le jour.

Il est donc évident, par ce que nous venons de dire, qu'il y a réellement deux transmutations métalliques dans le règne minéral ; ces transmutations se font en séparant
toutes les superfluités, & en faisant cuire la
matière dégagée de toutes ses parties hétérogènes ; tout le secret consiste dans la purification du mercure, pour lui donner la force
de pénétrer dans tous les corps métalliques.

La première transmutation consiste
dans la destruction totale du mercure qu'il
faut brûler & réduire en cendre, pour en
tirer l'âme ou la quintessence qui sert à

exalter notre teinture ; mais il faut un agent
pour altérer la nature du mercure minéral,
& en extraire la seule partie homogène qui
éclaire les métaux de la même manière, &
aussi promptement qu'une chandelle répand la lumière dans une chambre obscure,
lorsqu'on l'y introduit ; mais avec cette différence qu'en retirant la chandelle de cette
chambre, les ténèbres remplaceront aussitôt la lumière. Au contraire, notre teinture
étant une fois fixée & concentrée dans une
matière convenable, l'éclaire pour toujours,
sans distinguer la qualité, ni la pureté du sujet.

Toutes ces qualités merveilleuses proviennent de l'exaltation & de la pénétration du mercure qui est d'une si grande sub-
tilité qu'il pénètre, en un instant, jusqu'aux
cœurs des métaux imparfaits, pour y brûler
& détruire tout ce qui s'y trouve d'hétérogène.

Le mercure a un noyau pur qui provient
de l'eau élémentaire, qui se trouve également dans les métaux imparfaits. Cette eau
pénètre aussi promptement que la foudre ;
mais elle opère des effets beaucoup plus
étonnants ; car elle détruit & compose en

même temps. Elle brûle toutes les scories des métaux imparfaits, en portant, en même temps, le germe de la lumière perpétuelle, qui est un mélange d'or réincrudé avec le menstrue convenable.

Quand vous voudrez réincruder de l'or, ne prenez jamais les feuilles dont on se sert ordinairement pour dorer, parce que cet or n'est jamais sans alliage de cuivre ou d'argent allié avec du cuivre ; ce mélange ferait une dissolution verte & empoisonnée, avec laquelle vous ne feriez jamais rien de bon.

D'après ce que nous venons de dire, il est aisé de voir que les Philosophes ne travaillent que sur un seul sujet métallique qui contient leur véritable mercure ; mais pour faire paraître ce mercure philosophique, il faut calciner la matière où il est renfermé.

Ceux qui ont quelques connaissances naturelles, savent que toute calcination parfaite produit nécessairement un sel qu'il faut retirer de la cendre ou de la chaux du corps calciné. Tout sel est soluble ou réductible en eau ; car le sel n'est autre chose qu'une eau coagulée.

Ainsi, quand les Philosophes disent qu'il faut réincruder l'or, réduire le mercure vulgaire en matière première, brûler le mercure pour en tirer l'âme, toutes ces expressions ne signifient qu'une même chose, qui est, de réduire en cendre une matière pour en tirer le sel qui se résout facilement en eau par lui-même.

Un grand nombre de Sophistes adoptent le vitriol dans toute sa substance ; ils s'épuisent à le dessécher, le purger & le dulcifier pour le faire passer par toutes les couleurs jusqu'au rouge parfait ; ils ont obtenu une teinture, parce que presque toutes les opérations chimiques conduisent à quelques découvertes ; mais cette teinture ne peut teindre que les draps & la toile. Quelques-uns ont réussi à faire une teinture vitriolique pour convertir les métaux imparfaits, non en or, mais en cuivre.

D'autres Chimistes assez éclairés, d'ailleurs, ont choisi l'antimoine pour leur matière ; ils ont réussi à séparer de ce minéral la partie solaire qu'il contient ; plusieurs ont réussi à le rendre étoilé, & à lui faire montrer toutes les couleurs ; ils l'ont fixé pour en extraire l'argent des Philosophes qu'ils ont amalgamé avec du mercure précipité, d'après les procédés de Basile Valentin, qui conseille de purger l'or avec son cousin l'antimoine. Ils réussissent toujours à séparer le soufre d'or, & à dégager les paillettes d'argent qui sont contenues dans l'antimoine de Hongrie ; mais il ne s'en trouve pas deux sur cent qui soient en état de pousser plus loin leurs opérations sur l'antimoine ; car ceux qui ont voulu volatiliser le soufre d'or tiré de ce minéral, l'ont tellement tourmenté en l'amalgamant avec mille ordures, qu'à la fin de leurs sublimations, ils ne pouvaient pas même l'amalgamer avec l'argent.

Mais la plupart des Chimistes s'efforcent de réduire l'antimoine en mercure coulant. Ce secret est réel, & très beau ; mais il est possédé de bien peu de gens.

Ceux qui ont travaillé l'arsenic vulgaire, ont réussi à faire des pierres rouges & blanches, en cherchant les moyens de faire de l'or.

Les marcassites & le cinabre minéral n'ont pas été oubliés ; les Chimistes ont trouvé le moyen d'en extraire une eau mercurielle admirable. Ils ont fait cuire cette eau avec des feuilles d'or pendant plusieurs années ; mais ils n'ont jamais pu réussir à dissoudre leur or qui est demeuré intact, malgré les tourments qu'ils lui ont fait subir.

L'excellent Traité du Laboureur sur le plomb n'a pas manqué d'exciter de l'émulation ; mais tous ceux qui ont voulu suivre au pied de la lettre le beau procédé qu'on trouve dans ce livre, ont échoué.

Après cela, ils ont employé la pierre calamine, le bismuth, la céruse, le talc, le soufre commun ; ils ont vexé à toute extrémité ces minéraux, & les ont entièrement réduit en scories inutiles.

De tous les métaux, il n'en est aucun qui ait été exposé à de si cruelles vexations que le mercure vulgaire, il a été privé de tout ce qu'il contient de meilleur ; il a été sublimé de mille manières différentes, puis revivifié, dissout, coagulé, précipité & calciné d'une manière grossière, pour être incorporé avec le roi des métaux.

J'ai connu plusieurs personnes qui, pour avoir lu dans les livres des Philosophes, que le principe des métaux est une eau limoneuse ou visqueuse, ont voulu faire une eau semblable avec de l'esprit de vin, en le mêlant avec de la terre ; il en est résulté un mucilage qui n'était guère propre qu'à décrasser des habits.

D'autres ont fait putréfier les métaux inférieurs pour composer artificiellement cette eau visqueuse qui circule dans les minières ; après avoir travaillé cette liqueur pendant des années, ils l'ont mise en digestion avec de l'or, croyant être possesseurs du menstrue universel ; mais leur or est demeuré intact.

D'autres enfin se sont procuré un mercure particulier qu'ils tiraient de différents sels & de plusieurs végétaux qu'ils réduisaient en putréfaction, pour en extraire le suc mercuriel avec lequel ils croyaient dissoudre l'or radicalement.

On ferait une tragédie en quinze actes, si l'on voulait représenter toutes les tortures que les Sophistes ont fait subir au mercure vulgaire.

Beaucoup de personnes ont tenté de réduire l'or en première matière avec le sel de nitre raffiné, parce que Sendivogius a écrit que le nitre a la propriété de dissoudre l'or radicalement.

Mais quand Sendivogius a parlé du sel de nitre, il entendait certainement le sel de nitre métallique, & non le nitre végétal ; & cela est bien évident, parce que quelques lignes plus bas, il ajoute que, si l'on veut faire un métal, il faut employer un métal, un chien engendre un chien. Il ne faut pas être bien savant pour voir en quoi la Nature est d'accord.

La Table d'Émeraude est allégorique d'un bout à l'autre ; quand l'Auteur parle du vent, il ne parle que du vent qui est renfermé dans l'œuf philosophique.

Il s'est trouvé des personnes assez simples pour prendre du sel de tartre pour faire la terre feuillée des Philosophes dans laquelle il faut semer l'or, parce que Raimond Lulle a dit que cette terre feuillée provenait du vin.

D'autres, ne pouvant trouver, dans les choses soumises aux éléments, ce qu'ils cherchaient, ont pris les éléments mêmes ; ils ont ramassé de l'eau de pluie de tonnerre qu'ils ont fait putréfier à l'air ; ils en ont extrait un vinaigre subtil, qu'ils ont mêlé avec du sel fixe commun & de l'huile de vitriol ; ce mélange leur a procuré des cristaux, par le moyen desquels ils ont dissout des pyrites qu'ils ont ensuite congelées en une teinture admirable.

Ceux qui ont cru connaître les secrets de la Nature ont travaillé sur la rosée du

printemps, sur la neige, la terre vierge creu-
sée jusqu'aux genoux. Ils ont cru cent fois
que le sel fixe qu'ils ont retiré de toutes ces
matières, était le véritable aimant philosophique, parce que ce sel a la vertu d'attirer
l'humidité de l'air, sans faire attention que
l'aimant n'attire que son semblable ; & que
pour attirer l'humidité métallique, il faut
de toute nécessité employer un aimant du
même genre métallique.

Ne cherchons donc jamais la teinture universelle hors du règne métallique ;
n'oublions jamais que nous devons employer
une matière incombustible, puisque pour la
préparer par la calcination, nous devons
l'exposer au feu de réverbère, ou dans un
four de verrier. Nous répétons souvent cette
expression, afin qu'on s'en souvienne, parce
que c'est un point fondamental & essentiel.

Les opinions des Philosophes sont presque toutes différentes les unes des autres.
Les uns veulent qu'on conjoigne la partie
avec la partie ; d'autres conseillent de faire l'adjonction de l'humidité lunaire avec
l'argent fixe gradué & du soufre d'or, pour
ouvrir les métaux & en extraire le mercure
philosophique.

On trouve des recettes pour composer une teinture de soufre antimonial, qui a la vertu de convertir le mercure vulgaire en argent. Paracelse a donné une pareille recette, & il assure qu'on peut la faire dans l'espace de deux mois. Le même Philosophe a donné les moyens de faire une teinture d'or avec de l'urine, pour convertir l'étain & l'argent en or pur, & meilleur que celui des minières.

On peut facilement faire de l'huile de crin, avec laquelle on sépare l'argent qui est contenu dans le fer ; mais tous ces petits procédés ne rapportent qu'un très petit intérêt, dont les pauvres peuvent se servir pour avoir simplement le nécessaire à la vie.

Les Philosophes ont encore eu d'autres raisons, en donnant de pareils procédés : ils n'ont pas ignoré que les avares & les voluptueux, qui ne cherchent cette science divine que pour nourrir leur orgueil & satisfaire leurs passions déréglées, ne manqueraient pas de s'amuser avec ces minuties, n'ayant pas la patience d'attendre un an pour faire une opération réelle ; car toutes les opérations dont nous venons de parler, ne sont que des sophistications.

Les Sophistes eux-mêmes conviennent
que, pour faire mûrir un métal d'une façon
ou d'une autre artificiellement, il faut nécessairement le secours d'une teinture. Pour
parvenir à ce point de maturité, il faut délivrer les métaux inférieurs de leur fixité, &
les réduire en mercure par le moyen d'une
cuisson convenable, & par l'adjonction
d'un purgatif & d'un feu externe qui, par lui
-même, ne peut parvenir jusqu'au centre du
mercure, s'il n'est secondé par un feu céleste
qui réduit la puissance en action.

Un feu doux, tel qu'il le faut pour faire
mûrir, n'agit que dans un corps ouvert, &
ne peut pas seulement effleurer un corps
fermé.

Il n'y a qu'un seul moyen d'ouvrir les métaux & de rendre homogène le mercure vulgaire ; car la plupart des Sophistes ne cherchent que les moyens de fixer en corps malléable, le vif-argent, sans se donner la peine
d'examiner sa nature ; ils l'incorporent avec
une infinité de drogues contraires, & sont
toujours frustrés de leurs espérances ; mais
rien ne peut les corriger.

Nous dirons donc, avec vérité ; qu'il
n'existe aucun secret particulier pour la

transmutation des métaux, à l'exception seulement d'un moyen que l'on a de mûrir le vif-argent & quelques minéraux ; mais cette opération est longue, & peu avantageuse.

Le seul particulier qui existe, pour la conversion des métaux, est la teinture imparfaite après la première rotation. La teinture, pour lors, ne convertit que la partie la plus pure du métal imparfait.

Il vaut beaucoup mieux lire les ouvrages des Philosophes, que de s'amuser à exécuter des recettes incertaines ; on prétend que Basile Valentin a trouvé la pierre, en lisant le Museum hermétique.

Helvétius dit qu'on peut faire la médecine universelle dans quatre jours, avec une pistole, sans être obligé d'employer d'autre vase qu'un creuset.

Basile Valentin indique cette voie dans ses Clefs, où il a dépeint le creuset, la roue, les feux de lampe, le fumier de cheval, le feu de cendre, ne faisant aucun cas des feux de flammes, à cause de leur violence.

Il est échappé à un Philosophe de dire qu'on peut faire la pierre en trois ou quatre heures ; mais il est bon de savoir qu'il y a deux pierres, l'une parfaite, & l'autre imparfaite ;

la pierre parfaite est connue de bien peu de personnes, & c'est pour cette même raison qu'on lui a donné une infinité de noms : ceux qui la connaissent, n'ont d'autres opérations à faire que celle d'y ajouter de l'or ou de l'argent pour la spécifier & la multiplier.

La pierre que Basile Valentin dit qui se trouve dans toutes choses, & qui contient toutes choses, est une médecine imparfaite dont il a donné la composition dans ses six premières Clefs ; les deux autres Clefs suivantes n'enseignent que la multiplication en quantité & en qualité. Si cette pierre est imparfaite, ce n'est que par rapport à la grande perfection de l'autre pierre ; car celle-ci ne laisse pas que d'être parfaite.

Quand les Philosophes disent qu'on peut faire la pierre en trois jours & en trois heures, il faut entendre des jours & des heures philosophiques, dont nous parlerons ci-après.

La différence du ferment ou soufre d'or ou d'argent qu'il faut joindre à la pierre pour la mettre dans le cas de produire son effet, est de bien peu de chose ; car le soufre d'argent coûte autant de peines & de dépense que le soufre d'or.

L'année philosophique est composée du temps que le soleil philosophique emploie à faire le tour du monde par toutes les saisons du zodiaque, & le mois philosophique est une révolution de la lune.

La semaine philosophique est l'espace de temps qu'emploient les sept planètes pour passer successivement les unes après les autres dans la lumière & dans les ténèbres.

Le zodiaque, qui contient les douze signes célestes, représente les douze travaux d'Hercule, qui consistent dans la formation de l'or, par le moyen du premier acide qui est dans la matière liquéfiée, & qui fait le tour des douze signes du zodiaque dans le cours d'une année philosophique.

L'argent est un alcali qui, étant en fusion, parcourt toute la matière & se marie avec l'or son frère, dans l'œuf philosophique, pendant la putréfaction qui dure environ un mois. La raison en est bien évidente ; car il ne peut y avoir de putréfaction sans liquéfaction des matières, point de dissolution sans liquéfaction, & point de conjonction sans dissolution.

Basile Valentin ne parle pas du mercure dans ses six premières Clefs ; mais on en a trouvé une ample description dans Philalèthe.

Si nous examinions ces Clefs attentivement, nous verrons que la première représente Saturne ou le plomb, l'eau & la terre ; la seconde représente Jupiter ou l'étain & le feu ; la troisième, Mars ou le fer ; la quatrième la Lune ou l'argent ; la cinquième, Vénus ou le cuivre ; la sixième représente un Soleil éblouissant, ou l'or le plus pur. On voit dans la dernière Clef, un assemblage des quatre éléments. La sixième représente le mariage de l'or ; & la septième, sa coagulation.

Quand on fait fondre le plomb des Philosophes dans un creuset, il faut y ajouter une partie de son esprit, pour le multiplier de la même manière qu'il se multiplie dans les minières, où l'esprit mercuriel le coagule & se convertit en plomb. Voilà pourquoi le mercure ne se coagule jamais sans l'odeur du plomb, qui devient un très bon étain, après avoir subi certaines opérations de la Nature, qui ne l'abandonne pas pour cela ; car elle en fait ensuite du fer, du cuivre, de l'argent ; & quand elle ne rencontre point d'obstacles dans les minières, elle en fait de l'or parfait. Quand on a le bonheur de réussir dans cette opération, on fait paraître la lumière, & l'on dissipe entièrement les ténèbres. Séparez bien les scories qui surnageront ; mais ne les méprisez pas, car elles sont précieuses aux yeux d'un vrai Chimiste.

Versez la matière, en fusion, dans un autre creuset, que vous frapperez plusieurs fois avec une baguette pour précipiter le régule, & faire surnager le reste des scories. Si vous êtes un peu intelligent, vous verrez paraître l'astre du jour philosophique, l'étoile qui répand une lumière céleste, qui prouve l'existence d'un Ciel que nous ne pouvons voir des yeux du corps.

On trouve la description du plomb des Philosophes, dans les Métamorphoses d'Ovide ; ce métal contient tous les autres métaux en confusion, & l'on peut les séparer aisément par la fusion.

Il est évident qu'il faut un creuset, & non un vase de verre, pour faire la première préparation ou calcination du plomb des Philosophes. Il faut un feu violent, & une personne intelligente pour le diriger ; & quand la matière est convertie en mercure philosophique, il faut y introduire un Agent inné, pour lui faire développer extérieurement ce qu'il renferme au-dedans de soi.

Lorsque vous serez un peu plus avancé dans la Philosophie, vous connaîtrez facilement les degrés du feu que vous devez employer. Vous verrez que les opérations philosophiques sont bien différentes de celle de la Chimie vulgaire.

Si vous savez bien expliquer les énigmes d'Hermès, quand il dit : faites descendre en bas les choses qui sont en haut, & faites monter en haut celles qui sont en bas ; si vous savez bien expliquer, dis-je, toutes ces énigmes, vous n'êtes pas éloigné de la vérité ; continuez le même chemin, priez, travaillez, & vous serez récompensé.

Faites fondre tout ce que le plomb des Philosophes vous donnera, vous aurez soin de bien ramasser les scories qui en sortiront pendant la fusion, vous verrez tout ce qui est en haut & tout ce qui est en bas ; vous verrez les Colombes de Diane, dont parle Philalèthe ; & si vous avez l'oreille un peu attentive, vous entendrez le chant des Cygnes qui nagent dans un étang profond, où beaucoup de Chimistes imprudents & maladroits, se sont noyés.

Faites fondre le plomb des Sages, pour le convertir en régule sans fer ; car notre Roi veut entrer seul dans les bains de Diane ; répétez cette opération jusqu'à trois fois, & vous verrez la différence du régule martial, d'avec le régule sans fer. Pour vous instruire, faites l'opération suivante, & réfléchissez sur les effets qui en résulteront.

Faites un régule martial selon le procédé que nous avons donné ci-devant ; ajoutez-y une demi-partie d'argent ; faites fondre le tout ensemble, & jetez-le dans l'eau-forte, vous verrez qu'il se précipitera une poudre noire, qui est la même que celle que Beuher a trouvée dans sa minière des sables, & qu'il est impossible de la réduire en fusion ; vous verrez par là, que ceux qui pensent que le ré-gule martial ne retient que le soufre d'or qui est contenu dans le fer, sont dans l'erreur.

Les expériences qu'on peut faire avec le plomb des Sages, sont bien peu coûteuses ; on purifie ce métal dans un creuset, avec du sel de nitre & du sel de tartre ; &, si l'on veut, l'on en retirera toujours quelques par-ticules d'or & d'argent.

On peut acquérir beaucoup de connaissances, en faisant un régule de plomb des
Philosophes avec un huitième de fer, &
autant d'or ou d'argent.

Faites ensuite fondre un métal quelconque, & ajoutez-y quelques parties, comme
un huitième, du régule ci-dessus ; mettez
des particules de régule d'or dans du régule
d'argent, ou dans du régule de cuivre, &
vous verrez des métamorphoses admirables ;
le cuivre deviendra aussi beau que l'argent,
par le moyen de quelques particules de régule d'argent, & le régule d'argent deviendra aussi beau que l'or pur, par le mélange
de quelques particules de régule d'or.

Faites rougir un morceau d'argent dans
un creuset, sans le faire fondre ; jetez de la
poudre de régule d'or sur votre argent, couvrez le creuset, laissez-le sur le feu pendant
un quart d'heure, votre argent deviendra
aussi beau que l'or, parce qu'il se saturera
d'or volatil qui se trouve dans le régule.

J'ai fait d'autres expériences pour m'instruire. J'ai fait fondre du plomb qui avait été,
pendant un siècle, pour le moins, au faîte
d'une maison ; j'ai jeté quelques morceaux
de régule d'or dans ce plomb, & j'ai vu des

choses admirables; je le tins en fusion pendant deux heures; je pensais qu'il tomberait tout en scories; mais le contraire arriva; il fut purgé de toutes ses ordures, n'essuya qu'une très petite diminution, comme d'un vingtième, & fut changé en un métal tout différent.

Quand ce régule est fait par un Artiste un peu expérimenté, il contient un véritable or potable, qu'on peut administrer aux hommes sans danger.

Flamel dit qu'on peut faire le véritable mercure philosophique avec le régule d'or & d'argent, si l'on peut réussir à les conjoindre parfaitement par le moyen du premier agent métallique. Si cette conjonction est réellement philosophique, on découvre un mystère qui prouve qu'on a mis la main sur le véritable plomb des Philosophes.

Ce plomb doit se convertir en beurre; c'est une comparaison de Basile Valentin, pour donner à entendre que les régules d'or & d'argent doivent être réduits en mercure par le moyen du menstrue universel.

Le même Auteur assure que le plomb des Philosophes contient le mercure des Sages, & que ceux qui voudront le chercher dans un autre sujet, perdront leur temps, & ne parviendront jamais à l'accomplissement du magistère ; mais la préparation de cette matière est bien scabreuse & bien dangereuse à cause du poison mortel qu'elle contient. Il faut une main bien adroite pour la travailler ; mais je vous aiderai autant qu'il me fera possible ; je vous indiquerai le chemin qui conduit au jardin des Hespéries, où vous pourrez cueillir la pomme d'or.

Souvenez-vous que le plomb des Philosophes contient une humidité aérienne, mercurielle, chaude, mixte, & sèche. Cette matière est disposée & préparée ainsi par les astres ; ce sont les rayons du Soleil & de la Lune qui lui ont procuré toutes les propriétés qu'elle renferme.

Voilà l'œuf qui contient l'oiseau d'Hermès ; faites couver cet œuf, & vous verrez sortir l'oiseau de la coque : nourrissez-le avec un aliment convenable, ayez soin de le renfermer dans une bonne cage ; vous le verrez croître à vue d'œil, & l'entendrez chanter.

Basile Valentin indique le plomb des Philosophes sous la forme d'un vieillard qui est couvert de lèpre, & accablé de beaucoup

de maladies internes. Cette matière ne pro-
curera jamais le moindre avantage à ceux
qui voudront l'employer en cet état ; il faut
absolument la dépouiller de toutes les ordures dont elle est couverte, & la bien purifier
par le feu de la calcination avec un feu violent.

Ceux qui prétendent trouver dans le
mercure vulgaire, tout ce qui est nécessaire au magistère, sont encore bien éloignés
du véritable but : ils ignorent encore que
le soufre des Philosophes est ce chaud-hu-
mide, aérien, esprit volatil, hermaphrodite,
qu'Ovide a décrit sous le nom d'alcali volatil acide dans ses Métamorphoses, où
l'on voit que cet hermaphrodite est le double mercure qui contient le soufre & le sel
des Philosophes, de même que l'alcali fixe.
Toutes ces choses se trouvent dans le plomb
royal des Philosophes ; mais elles y sont en
confusion & mêlées avec une quantité incroyable de matières hétérogènes qu'il faut
séparer adroitement, & ne laisser que la
quintessence pure dans laquelle on fait dissoudre l'or, pour ressusciter ensuite & se revêtir du manteau royal, avant que de sortir
du bain philosophique.

Le mercure philosophique se fixe, se coagule, se précipite & se revivifie successivement par le moyen d'une chaleur convenable.

Sachez ce qu'entendent les Philosophes quand ils disent que leur Roi doit mourir ; la mort philosophique est la coagulation & fixation de la matière, qui devient fixe, de volatile qu'elle était auparavant. Le roi est volatil ; il faut le fixer & il sera mort ; on doit ensuite le ressusciter, afin qu'il puisse monter au ciel ; cela est absolument nécessaire : car ce qui est fixe ne peut pénétrer les métaux.

Voilà pourquoi il faut rendre la vie au Roi quand on l'a fait mourir ; c'est-à-dire que quand il est fixe, il faut le rendre volatil, & il aura une grande vertu pénétrative.

La couleur noire annonce la mort du Roi, la blanche annonce sa résurrection. Vous savez actuellement ce qu'entendent les Philosophes quand ils disent qu'il faut noircir & blanchir : l'étole blanche représente les Anges, à cause de leurs ailes & de leur esprit volatil.

Quand la pierre est parvenue au rouge parfait, elle est si volatile, que s'il arrivait que l'œuf se fêlât tant soit peu, l'oiseau d'Hermès prendrait son vol & partirait avec une rapidité incroyable, & sans qu'il soit possible de s'en apercevoir ; mais ceci n'arrive que par le concours de la chaleur externe. Voilà pourquoi l'on a soin d'envelopper la poudre de projection dans de la cire, pour la projeter sur un métal en fusion. Il ne faut qu'un feu médiocre pour faire la projection sur du vif-argent ou du plomb, & aussitôt que la projection est faite, on couvre le creuset, on le retire de dessus le feu, & l'on charge le couvercle de charbons ardents. L'on fait ainsi le feu pardessus, pour empêcher la médecine de s'envoler dans l'air, & pour la faire pénétrer & transmuer le mercure ou le plomb qu'on a chauffé convenablement dans le creuset.

Ne concluez pas toujours définitivement d'après l'inspection des couleurs pour abandonner l'ouvrage ; car vous ne serez en état de juger des effets par les couleurs, qu'après avoir accompli le magistère.

Quand notre terre est noire, il faut la laver avec de l'eau, & elle deviendra blanche avec le secours de l'air supérieur qui est un feu céleste qui conduira votre matière au rouge parfait.

La couleur noire est le symbole de la mort, comme nous l'avons déjà dit ; mais dès que le Roi est ressuscité, il est environné d'une lumière éclatante, & qui est d'une si grande pureté, qu'on la compare à celle qui environne continuellement les Anges qui sont des esprits de la nature du feu.

L'odeur de la mort ou des cadavres est abominable & insupportable ; l'odeur puante de la pierre en putréfaction, annonce sa fixation ; l'odeur suave indique la volatilisation, & la chaleur est le symbole de la résurrection & de la vie.

Plus l'air est pur & chaud, plus l'odeur qu'exhalent les plantes est agréable. Les plantes aromatiques de l'Arabie reçoivent leurs parfums de l'air de cette contrée, où il est très pur. On imite la Nature par le moyen de l'art avec une simple digestion.

Il est impossible de jouir naturellement d'une bonne santé dans tous les endroits où il règne un air impur & malsain.

Quand les excréments humains sortent du corps, ils n'exhalent pas une odeur agréable ; mais après qu'ils ont passé par

la putréfaction & la fermentation, ils acquièrent une odeur bien différente de celle
qu'ils avaient auparavant.

Il est impossible de parvenir à l'accomplissement du magistère, sans employer
le feu double dont Basile Valentin & plusieurs autres Philosophes ont donné la description. Le premier est un feu terrestre qui
est un corps fixe, l'autre est un feu céleste
qui est un esprit volatil. Ce dernier feu est
plus chaud que le Soleil, & le premier est
beaucoup moins chaud que cet astre,

Les Chimistes connaissent encore plusieurs autres feux : les uns sont froids, les
autres chauds, & d'antres sont humides. Le
feu froid est le mercure lui-même qui est volatil & femelle ; le feu chaud est sulfureux,
fixe & mâle :

On connaît encore d'autres feux ; les uns
sont internes, comme ceux qui sont renfermés dans la matière, & que les Chimistes
vulgaires prennent pour des feux externes.
Il y a des feux externes, comme ceux qui
arriveront à la fin du monde philosophique,
pour faire l'épreuve avec le plomb à la coupelle. Basile Valentin donne la qualité de
juge suprême à ce feu, à cause de l'élévation

de Saturne au-dessus des autres Planètes. Le même Philosophe l'appelle aussi le feu de l'Etna, & le feu d'enfer.

Le vinaigre des Philosophes est une liqueur bien précieuse après qu'elle a été distillée & rectifiée par un habile Chimiste. Ce vinaigre est violent & bienfaisant tout à la fois. Il a la vertu de tirer promptement la teinture du corail & de tous les métaux, parce qu'il est composé avec une matière qui contient le premier acide ou soufre fixe, le premier alcali fixe qu'il faut distiller avec l'esprit de vin de Saturne ; ce vinaigre est potable après la quatrième distillation ; mais il vaudrait beaucoup mieux l'employer à faire la médecine universelle en le faisant cuire avec de l'or, que de le prodiguer en l'employant à d'autres usages.

Les Philosophes n'emploient point d'autre liqueur que ce vinaigre distillé ; c'est ce qu'ils appellent leur alkahest qui dissout tous les métaux, en retire la teinture sans l'altérer en rien ; & dès qu'on a le bonheur de posséder cette teinture, on a déjà un souverain remède pour guérir beaucoup de maladies différentes, sans qu'il soit nécessaire de la faire passer par la roue philosophique.

Je veux dire qu'avec ce vinaigre ou menstrue universel, on peut, en un jour, tirer la
teinture de l'or calciné, & qu'on peut faire
usage d'une partie de cette teinture, tandis
qu'on fait cuire l'autre partie pour en faire la
médecine universelle.

On réussira à faire le vinaigre distillé des
Philosophes, ainsi que la pierre, si l'on est
assez éclairé pour entendre ou comprendre la doctrine de Basile Valentin, le plus
grand de tous les Philosophes modernes. Un
grand nombre de bons Chimistes, d'ailleurs,
après avoir lu superficiellement une partie
des ouvrages de ce grand homme, ont voulu
entreprendre le travail de la pierre, & ont
échoué pour n'avoir point mis d'ordre dans
leurs opérations ; la plupart ont opéré avec
la véritable matière, le véritable plomb des
Sages, & n'en ont pas été plus avancés pour
cent.

Après avoir perdu leur temps, leur argent,
& ce qui est infiniment plus précieux, je veux
dire leur santé, ces sortes de Chimistes, qui
ne veulent pas se donner la peine de faire
des expériences instructives, qui voudraient
trouver le détail de toutes les opérations de
la pierre dans un sujet, après avoir échoué,

ou s'être estropiés, finissent par dire que tous
les Philosophes sont autant de menteurs, de
trompeurs, qui les ont entraînés dans l'état
déplorable où ils se sont réduits eux-mêmes
par leur faute. Basile Valentin est celui qui
a essuyé les plus fortes bordées de calomnies
injurieuses, tandis que c'est celui de tous les
Philosophes européens qui mérite les plus
grands éloges à tous égards. Personne n'a
parlé de la pierre avant lui d'une manière
si claire & si positive, quoique sous le voile
de l'énigme ; à chaque page, on voit que ce
saint homme ne respire que pour Dieu, &
qu'il aime son prochain bien tendrement. Il
voudrait donner la pierre à tous ceux qui
craignent le Seigneur. On voit bien qu'il ne
cherche pas à tromper, puisqu'il se plaint de
ce qu'il ne lui est pas permis de parler autrement que par allégories.

En effet, tous les ouvrages de Basile
Valentin, sont allégoriques & remplis de
fictions ingénieuses. Son nom même, & sa
qualité de Religieux Bénédictin, sont autant
de fictions & d'allégories ; car Basile, dérivé
de Βασιλευς, mot grec qui signifie Roi, indique assez la matière qu'il faut convertir
en régule dont on fait le mercure des Phi-

losophes. Valentin annonce la force, la puissance de la Médecine universelle qui pénètre l'homme, le change, le renouvelle, &
le rend en quelque façon spirituel, à cause
de l'essence spirituelle du mercure philosophique. Il se dit Frère de l'Ordre de Saint-
Benoît, parce qu'il avait besoin de ce titre
pour exécuter son dessein allégorique, &
faire connaître que le Roi ou l'or répand la
bénédiction céleste sur ses frères indigents
les métaux imparfaits auxquels il communi-
que une essence aérienne très pure.

Basile Valentin personnifie le mercure
philosophique, ainsi que tous les métaux, &
il les fait parler. Il leur souhaite à tous une
bénédiction céleste, qui est un don du Saint-
Esprit, ou le mercure des Philosophes, le dissolvant universel de tous les métaux, sans
corrosif, dont il parle dans sa première & sa
seconde Clef. Il fait parler ensuite Jupiter ou
l'étain avec Mercure qui a déjà passé par la
sphère de Saturne ou du plomb. Jupiter se
glorifie d'être revêtu de la robe de Mercure,
oubliant qu'il a porté autrefois la robe sale
de Saturne ; cela n'indique autre chose que
la progression philosophique, qui est si ra-

pide, qu'en un instant la matière change totalement dans toute sa substance.

Ce Philosophe continue sa prosopopée ;
Mercure continue son discours adressé à ses
frères qu'il a guéris, & à l'or réincrudé ou
réduit en première matière, par le moyen
du menstrue universel, qui rassemble l'esprit, l'âme & le corps dans la conjonction
du soufre & du sel.

Mercure est considéré comme un monde placé au-dessus des cieux, où se trouve
la racine & la source de la vie ; & c'est ce
qu'on appelle le premier mobile, que Basile
Valentin envisage comme un monde céleste,
qui est l'esprit ou le soufre élémentaire du
sel. Les habitants de ce monde céleste sont
les métaux qui n'ont pas encore été purifiés
par le mercure philosophique converti en
médecine universelle avec l'or réincrudé.

Basile Valentin ayant ainsi personnifié
tous les métaux, qu'il place dans le monde céleste, leur suppose des lois, une reli-
gion, une foi, dont le Chimiste doit avoir
une connaissance parfaite ; il doit savoir
que l'azoth ou plomb des Philosophes, est
l'aimant qui attire l'esprit mercuriel par une
sympathie si admirable, qu'ils s'unissent si

étroitement qu'il n'est plus possible de les séparer l'un de l'autre.

De tous les métaux, il n'en est aucun qui ne soit obligé de reconnaître Saturne ou le plomb pour son père ; c'est pourquoi il est le premier qui ait connu la foi du mercure. Notre Philosophe assure que tous les métaux doivent avoir cette foi, c'est-à-dire, qu'ils sont tous soumis à Saturne ; l'or n'en est pas plus exempt que tous les métaux imparfaits, puisqu'on ne saurait le passer par la coupelle sans le secours du plomb.

Tout ceci ne signifie autre chose que les connaissances suffisantes que doit avoir le Chimiste pour séparer le bon d'avec le mauvais, le pur d'avec l'impur, & le soufre incombustible d'avec le soufre combustible.

La plus grande lumière de la Chimie est la sagesse qui doit briller dans les ténèbres. Cette sagesse est le soufre céleste dont il parle dans la septième Clef.

Dieu a accordé aux Chimistes un grand pouvoir dans leur ciel ; il est aisé de s'en convaincre en examinant leur théologie.

Le vieillard qui prêche le Peuple, représente Saturne ou le plomb, & les premiers métaux. Ce vieillard n'est autre chose, dans le sens de Basile Valentin, que le sel de la terre, qui exhale continuellement une vapeur saline qui s'unit au mercure.

Nous avons déjà dit que notre Philosophe avait personnifié tous les métaux ; c'est ce qu'il ne faut pas oublier, si l'on a envie de bien expliquer l'énigme.

Tous les métaux, surtout les imparfaits, doivent être bons théologiens. Ils ne doivent rien ignorer de ce qui concerne leur foi, afin qu'ils soient en état de distinguer l'esprit mercuriel qui est attiré sur eux par un aimant martial. Voilà le mercure des Philosophes & leur aimant, qui est un acier propre à attirer l'esprit igné du sel de la terre, & tout ce qui lui est nécessaire d'ailleurs pour pouvoir dissoudre l'or radicalement, & le convertir en quintessence sans l'altérer. Voilà l'explication de la cinquième clef.

Le soleil qui éclaire le ciel des Chimistes, est le soufre igné & volatil.

Il y a beaucoup de Chimistes qui croient avoir une connaissance parfaite des métaux ; mais il en est bien peu qui ne soient dans l'erreur. La plupart s'attachent au cuivre pour en extraire la teinture, ignorant que le soufre de ce métal n'est pas fixé, &

qu'il s'envole dans l'air aussitôt qu'il est sur le feu : ils écorchent ce métal, & lui enlèvent jusqu'à la dernière écorce, avec des adjonctions contraires qui attirent son phlogistique pour le détruire avec des corrosifs. Ils parviennent même quelquefois jusqu'au cœur de Vénus, qu'ils font mourir impitoyablement, en éteignant son feu vital.

Geber (lib. 2. chap. 14.) se moque de tous ceux qui perdent leur temps en cherchant les moyens d'extraire la teinture du cuivre. Quand les Philosophes disent qu'il faut ouvrir l'or jusqu'au cœur, c'est-à-dire, qu'il faut le dissoudre radicalement par le moyen du mercure philosophique.

Ce que Basile Valentin appelle occident, n'est autre chose que le mercure revivifié, qui ressuscite avec un corps glorieux ; mais il faut le décorer avec un ornement qu'on prend dans la partie méridionale, c'est-à-dire, dans le soufre d'or qui a une infinité de propriétés.

Le cachet d'Hermès est la connaissance du véritable mercure des Sages, parce que ce mercure est le chancelier de la Philosophie hermétique.

Les frères indigents du roi, sont, comme nous l'avons déjà dit les métaux imparfaits : j'abandonnerai mes trésors pour vous secourir, mes très chers frères, dit le roi, ou l'or, aux métaux imparfaits ; vous êtes pauvres, parce que vous n'avez point de soufre fixe ; je vous donnerai à tous une couronne d'or pur.

Le feu qui échauffe les métaux indigents n'est autre chose que le soufre fixe de l'or réduit en quintessence saline. Ce soufre doit les échauffer sans altérer leurs esprits.

Les nuages épais qui s'élèvent dans l'œuf philosophique pendant la cuisson ne sont autre chose que l'humidité mercurielle qui se dispose à la conjonction. Ces nuages sont d'un grand secours dans la pratique ; ils annoncent à l'Artiste qu'il est dans le bon chemin. Basile Valentin nous les a fait connaître par des paraboles obscures ; mais nous tacherons d'y répandre un peu de clarté.

Quand les Philosophes parlent de chaux vive, dans la pratique de la pierre, il ne faut pas croire qu'ils conseillent d'employer de la chaux vive, faite avec des pierres ou cailloux. La chaux dont ils font mention, est une chaux philosophique, qui n'est autre chose

que de l'or calciné philosophiquement, &
dont il ne faut prendre que l'esprit.

Basile Valentin enseigne la préparation
de cette chaux dans sa quatrième Clef.

L'esprit de cette chaux vive est la même
chose que l'esprit du dragon pétré. C'est ce
qu'on reconnaît dans

la seconde Clef, où l'on voit aussi un
aigle qui représente le mercure ; ce vinaigre
des Philosophes, l'alpha, l'oméga, aleph &
thau, la chaux vive, le dragon pétré, le sel
martial & son esprit cristallin & igné réduit
en liqueur.

Le soufre de Vénus est le disciple de
Mars, comme on le remarque dans la on-
zième Clef, où l'Auteur s'étend beaucoup
sur les bons offices que les planètes rendent
aux métaux.

La troisième Clef contient une description du manteau de pourpre pour le plus
grand roi de la terre ; cette couleur est produite par le feu, après une cuisson convenable.

Le mercure vulgaire purifié peut être
comparé au cristal pour la beauté ; mais le
mercure des Philosophes est infiniment plus
brillant que le cristal, parce qu'il est tiré

d'un très bon métal, dont on ne prend que la quintessence la plus pure, qui est aussi belle qu'une étoile après qu'on a brûlé toutes les ordures dont l'azoth est environné en sortant de la minière.

Après que l'esprit igné du dragon pétré ou de chaux vive a résout en liqueur le cristal mercuriel, Saturne qui est plus froid que la glace, coagulé cette liqueur, & coupe en même temps les ailes de mercure ; les yeux de l'écrevisse ; ainsi que l'argent philosophique, tombe en dissolution, peu de temps après, par le moyen d'une chaleur bénigne.

L'argent philosophique est un alcali qui a la vertu de dissoudre la pierre dans la vessie & les callosités ; c'est en même temps un souverain remède pour guérir de la goutte, même remontée, & beaucoup d'autres maladies. Si la Médecine connaissait ce remède, elle en retirerait un avantage beaucoup plus grand que ne peut être celui de tous les ors potables qu'elle possède : parce que les Chimistes vulgaires ignorent la véritable préparation de l'or qu'ils veulent faire dissoudre. Ils peuvent faire un or potable, mais ils ne feront jamais un or potable philosophique, dont ils puissent faire avaler une goutte aux métaux imparfaits ; tandis qu'ils boivent avec avidité celui que nous leur présentons, ils s'en rassasient, se guérissent de toutes leurs maladies, & acquièrent une santé parfaite.

L'or potable philosophique se prépare avec du mercure philosophique dont on ne prend que l'esprit & la quintessence la plus pure, qui sert aussi à corporifier la teinture universelle.

La partie corporelle de l'or, est le soufre fixe salin qu'on réduit en esprit & en eau, qu'il faut joindre avec l'esprit de soufre philosophique pour faire une huile incombustible, qui guérit toutes les maladies des métaux & des animaux.

La métallurgie de Basile Valentin ; a pour objet les métaux qui existent dans les minières. L'hospice des métaux, en général, est dans leur humide radical, qui renferme l'or philosophique, l'aimant martial & son soufre, qui pénètre l'or vulgaire & le réduit en première matière.

Les trois règnes, animal, végétal & minéral, chez les Philosophes, sont le sel, le soufre & le mercure. Ces trois choses entrent dans la composition de la médecine universelle : on conjoint l'âme du soufre philosophique avec l'or, par le moyen de l'esprit du mercure.

Il existe un véritable soufre philosophique dans tous les métaux, sans en excepter un seul. Sans cela, il ne serait pas possible de les convertir en or avec la médecine universelle. Basile Valentin a donné une assez ample description de tous les métaux dans les six premières Clefs.

Quoique nous ayons déjà parlé, dans le commencement de ce traité, de l'influence des astres sur tous les métaux, nous croyons que ce que nous en dirons encore, d'après Basile Valentin, ne déplaira pas à nos Lecteurs : cette connaissance est absolument nécessaire à celui qui veut entreprendre l'œuvre philosophique. Hermès & tous les autres Philosophes, disent qu'il existe une harmonie parfaite entre les choses qui sont en haut & celles qui sont en bas ; & que quiconque n'aura pas une connaissance parfaite de cette union, ne parviendra jamais à l'accomplissement du magistère.

Mercure n'est point mis au rang des planètes chez les Philosophes, quoiqu'il soit le principe de la médecine universelle à cause du sel triple qu'il contient. Son caducée, avec les deux serpents ailés, représente l'esprit fixe & volatil qu'il renferme.

Le mercure vierge se marie avec la Vierge, & s'incorpore avec les Gémeaux dans le lait virginal ; car tout ce qui entre dans l'œuvre philosophique, doit être très pur. Voyez Philalèthe, chap. 10, sur ce sujet. Il se moque, avec raison, de ceux qui vont chercher le mercure vierge dans le golfe de Corinthe, tandis qu'ils l'ont sous leurs pieds, & qu'ils n'ont qu'à ouvrir la terre pour le prendre. Il n'est pas moins ridicule de voir des personnes chercher la terre vierge au fond des étangs bourbeux.

Ne perdons donc jamais de vue cette vérité, que le mercure philosophique se forme dans les entrailles de la terre vierge, où il se coagule ensuite par l'odeur du plomb.

Les Gémeaux indiquent la nature hermaphrodite du mercure, qui contient l'esprit universel, sulfureux, volatil, qui se coagule aussitôt qu'il est conjoint avec l'esprit du sel fixe de la terre. Si cet esprit de sel est pur, clair & transparent, il en résulte un cristal qui se durcit avec le temps.

Le mercure est la matière des pierres aussi bien que des métaux ; les uns & les autres
proviennent de la semence du mercure qui
a été coagulé par la vapeur du plomb. Basile
dit que cette coagulation doit être appelée
emprisonnement.

Le froid qui se trouve dans les entrailles
de la terre, est aussi une des causes de cette coagulation, selon Basile Valentin ; &
selon Sendivogius, il faut attribuer toute
coagulation à la chaleur interne de la terre.
Accordons ces deux grands hommes.

Toute eau se coagule par la chaleur
lorsque l'eau ne contient point d'esprit, &
lorsqu'elle a un esprit, elle se congèle par le
froid ; car il est impossible de congeler de
l'eau qui est unie avec un esprit par la chaleur ; & celui qui pourrait faire cette opération, serait mille fois plus habile que celui
qui convertit les métaux imparfaits en or
pur.

Par la même raison, celui qui pourrait congeler le mercure du plomb des
Philosophes avec le soufre igné de Mars en
régule, dans la fusion, par le moyen du nitre
& du tartre ; celui-là, dis-je, qui ferait cette découverte, aurait fait tout ce qu'il faut

faire pour être possesseur de la médecine universelle, dont le succès dépend d'une conjonction contre nature. Voilà pourquoi il y a un grand nombre de bons Alchimistes, d'ailleurs, qui ont travaillé sur la véritable matière de la pierre, pendant trente ans, infructueusement, pour n'avoir pu réussir à faire cette conjonction secrète, dont les Philosophes n'ont jamais donné la moindre idée. Consultez Hermès, Philalèthe & Flamel, & vous verrez ce qu'ils attribuent à la terre de Saturne.

Le premier jour de l'année commence à la première nuit d'hiver. L'âge de l'homme ne se compte que du jour de sa naissance : de même, l'âge des métaux ne se compte pas tandis que le vif-argent court de côté & d'autre ; mais dès le moment de sa coagulation.

Basile Valentin, dans sa première Clef, représente Saturne ou le plomb des Philosophes, comme le père du premier mercure, qu'il contient en soi, & qui est déjà coagulé. Il est le premier des métaux, & par conséquent le principe de la pierre des Sages ; c'est lui qui occasionne la putréfaction, sans laquelle le mercure ne s'ouvrirait pas, & ne pourrait jamais recevoir l'esprit de Mars. Saturne s'ouvre ce passage avec la faux que l'Auteur de la Nature lui a donnée. Il coupe, avec cet instrument, toutes les impuretés des métaux, en sépare tout le soufre combustible, & procure ensuite la putréfaction qui est annoncée par la couleur noire.

La blancheur & la pureté qu'on attribue à Jupiter n'est autre chose que l'humidité aqueuse de Saturne, qui dessèche & détruit toutes les superfluités qui se trouvent dans la matière de la pierre.

Les Philosophes distinguent trois fermentations ; la première a lieu, lorsque le mercure est animé par son soufre, la seconde arrive lorsque le mercure animé est nourri par son sel, qui est le lion rouge & vert, qui sont conjoints par la fermentation philosophique, dont parle Basile Valentin, pag. 275.

La troisième fermentation codifie dans la résurrection du roi, ou revivification de l'or, qui précède la multiplication de la pierre, qu'on est obligé de mettre en fermentation avec de l'or ou de l'argent. Cette fermentation chimique est attribuée à Jupiter, & elle est entièrement aérienne. La première fixation de Jupiter est indiquée par la première blancheur qui paraît.

Nous avons déjà démontré, ci-devant, que Mars ou le sel de fer est un aimant auxiliaire qui attire les Influences célestes. Mars doit être considéré comme un miroir ardent, ou comme un rubis éclatant ; sa hallebarde & son épée représentent les esprits ignés & volatils, qui sont les symboles de la pénétration. C'est ce que les anciens ont représenté par l'épée de Cadmus, fils d'Agénor, Roi de Phénicie, & par l'épée d'Achille.

Jupiter, le Lion d'orient, & l'oiseau du midi, doivent entrer dans notre mer salée, & s'y noyer.

Basile Valentin, pag. 34, dit qu'il faut chercher le soufre des Philosophes dans un soufre ; mais qu'il n'est pas possible de le trouver, si le corps de ce soufre, qui est vulgaire, n'est absorbé par le dragon pétré, qui est l'esprit de sel de nitre & de sel ammoniac philosophique.

Ces deux sels philosophiques doivent être calcinés dans un fourneau de réverbère ou dans un four de verrier, où ils acquièrent une vertu magnétique, analogue aux in-

fluences astrales dont ils doivent être imprégnés pour entrer dans la composition de
la pierre.

Basile Valentin n'a pas écrit un mot par
hasard ; tout est réfléchi dans ses ouvrages ;
la moindre expression renferme des choses
sublimes sous l'énigme. Son miroir ardent
est un moyen qu'il présente pour découvrir
ce qui est renfermé dans sa cinquième Clef.

Le miroir céleste est l'image du soufre
qui développe son esprit par le moyen d'une
chaleur analogue à celle qui est produite par
la réflexion d'un miroir ardent, qui renvoie
tout ce qu'il reçoit, comme par une amitié
réciproque.

L'épée de Mars est aussi, à son tour, un
miroir ardent qui renvoie le soufre céleste &
igné, par la force de son sel fixe. Mars rem-
porte une victoire complète sur l'esprit mercuriel igné, dont il sépare tout le soufre impur, qui deviendrait rebelle lorsque le soufre
du premier mercure double commencerait à
fermenter. Le soufre impur provoque Mars
au combat ; mais il est bientôt mis en prison
& livré à Vulcain, qui le tue avec l'épée de
Mars, dont la terre contient une graisse, un
sel, un baume & une huile incombustibles,

qui sont absolument nécessaires à la composition du magistère,

La force de Mars est si grande, qu'il rem-
porte une victoire complète sur le double
mercure, par l'efficace de ses esprits ou de
sa quintessence, qui a la vertu d'augmenter
considérablement les forces de celui qui en
prend le poids d'un grain dans de l'esprit de
vin ou de la bonne eau-de-vie.

Cette quintessence Martiale produit
promptement ses effets ; elle ne se borne pas
à donner de la force ; elle donne des senti-
ments & un courage de lion.

Mars domine dans la saison du printemps, qui est la saison des fleurs ; mai, nous
ne devons pas faire attention aux fleurs des
végétaux. Les Philosophes nous conseillent
de nous occuper des fleurs chimiques qui sortent des cendres de la matière Saturnienne
après la calcination.

Ces fleurs chimiques sont le vrai safran
des métaux ; la plupart des Chimistes brûlent
ce safran en faisant un feu trop violent.

Basile Valentin a fait deux chapitres sur
l'âme & la teinture de Mars & de Vénus ;
mais tous ceux qui ont voulu opérer d'après
la lecture & une profonde méditation sur

ces deux chapitres, ont échoué, parce qu'ils sont faits pour des philosophes, & non pour des Chimistes vulgaires qui n'y comprendront jamais rien.

Les Philosophes attribuent la fixation de la matière à l'esprit brillant de Mars, pour le blanc seulement, quoique cet esprit soit igné, rouge & double.

La quatrième Clef enseigne la véritable méthode de calciner l'argent qui doit être dissout dans le mercure philosophique. La Lune précède Vénus dans son entrée. L'Auteur dit que l'or & l'argent sont les enfants de Mars & de Vénus ; c'est ce qu'on lit dans son Livre sur l'enfantement admirable des sept planètes, pag. 247, où il dit qu'il faut conjoindre Mars avec Vénus, ou le fer avec le cuivre, pour composer un vitriol dont on retire un esprit blanc ; & que de ce même esprit blanc, après une cuisson convenable, on retire un esprit rouge qui est un vrai soufre d'or philosophique. De pareils exemples peuvent procurer de grandes lumières ; mais il faut savoir les mettre à profit. On ne doit pas ignorer non plus que la cinquième Clef est entièrement consacrée à Vénus. Basile Valentin a eu de bonnes raisons pour placer la préparation de l'argent après celle du mercure, père de tous les métaux.

Il est essentiel à savoir que l'Auteur fait entrer deux Vénus dans la composition de la pierre. La première Vénus est minérale, la seconde est métallique & philosophique, qui n'en autre chose que la quintessence ou le soufre du cuivre rouge ; mais il faut être bien adroit pour faire l'extraction de cette quintessence sans l'altérer.

Les embûches qu'Orphée tend au Dauphin, expliquent la pensée de notre Philosophe, quand il dit que le sel Martial & le sel de Saturne conjoints avec Mercure & la Lune, élèvent Vénus au suprême degré de splendeur. Ce mélange ou conjonction se fait spirituellement & avec la plus grande harmonie.

L'argent est élevé, à son tour, au suprême degré de pureté ; il est si éblouissant, qu'on ne le reconnaît plus pour ce qu'il a été auparavant.

Le feu, qu'on considère comme un grand secret, est contenu dans le sel de Mars, que Cadmus appelle flamme inextinguible.

L'harmonie provient de l'esprit de Vénus qui est brûlée par le feu de Mars. L'un &

l'autre sont enveloppés dans le filet de fer
par Vulcain, qui les garrotte si bien, qu'il ne
leur est pas possible de se débarrasser ; &
Mars convertit Vénus en Soleil éblouissant,
comme on le voit dans les Métamorphoses
d'Ovide. Celui qui comprendra bien ceci
pourra facilement acquérir les autres
connaissances nécessaires au magistère.

Les Philosophes indiquent deux fixa-
tions de Vénus pour faire une teinture rouge, & ils sont tous d'accord que le cuivre
contient une teinture plus abondante que
l'or même.

L'argent est le premier qui paraît sur la
terre philosophique, après la résurrection
des corps ; les philosophes l'appellent leur
reine blanche, leur Lune ; ses cornes sont
blanches, & celles du Soleil sont rouges.
C'est la fille philosophique nouvellement
née & engendrée avec l'or & l'esprit de
Mars, préparé avec le vitriol, qu'il faut réduire en corps. Basile Valentin enseigne une
méthode sûre pour faire cette réduction. Le
signe céleste de la Lune ou de l'argent, est
la Vierge, qui convertit le mercure en argent pur ; mais il faut lui faire subir bien des
opérations pour le mettre en état d'entrer

dans la composition du magistère. Il faut lui procurer une blancheur parfaite par la calcination ; mais cette couleur n'est qu'externe ; l'argent calciné ou non, est toujours bleu intérieurement. Cela provient de la conjonction de l'eau lumineuse avec la terre froide.

Si vous joignez de l'or calciné avec de l'argent, préparé comme ci-dessus, & que le Lion se jette impétueusement dans le sein de la Vierge, faites une digestion convenable, & vous verrez que l'argent deviendra plus beau que l'or même, en la nature duquel il sera converti.

Cette admirable graduation se fait par le moyen du vitriol ou de Vénus, qui donne son manteau de pourpre à l'argent, qui reçoit cet ornement par l'adjonction du soufre de Mars, lorsqu'il n'est pas encore fixe ; mais pour rendre fiable cette graduation, il faut nécessairement faire intervenir le soufre de Saturne ou plomb des Sages.

Voilà la véritable méthode qu'on doit suivre pour graduer l'argent. Voilà en deux mots ce que les Sophistes n'ont jamais pu dire dans leurs volumes in-folio.

On peut voir, par ce que nous venons de dire, que l'argent ne devient véritablement

blanc que par la calcination de sa terre, qui
doit être réduite en cendre, pour qu'on puisse avoir le moyen d'en extraire le sel fixe.
Le tartre des Philosophes ne se trouve que
dans la cendre : avec des cendres & du sable
on fait du verre, & les pierres les plus dures
se convertissent en chaux vive, en les faisant brûler. Toutes ces choses, bien enten-
dues, suffisent pour démontrer la nécessité
& la manière de calciner le plomb des Sages
avant de le faire entrer dans la composition
de la pierre. Après l'avoir calciné, il faut le
vitrifier pour l'élever au suprême degré de
pureté, ensuite il sera facile de le convertir
en huile qui a la vertu de guérir toutes les
maladies dont l'homme peut être attaqué ;
elle a en même temps le pouvoir d'élever
tous les métaux imparfaits au degré de l'or
& de l'argent.

L'or est placé au milieu des métaux imparfaits, pour les rendre participants de sa
lumière, de la même manière que le Soleil
au milieu des planètes.

Basile Valentin dit que l'or est un roi environné de gloire, & qu'il faut le marier avec
la reine, qui est la Lune ou l'argent. Au bout
d'un certain temps, cette reine accouchera

d'un prince royal, infiniment plus brillant
que ses père & mère.

Les Philosophes assignent au Soleil dans
le Zodiaque, l'ardente Écrevisse, & le Lion
de feu ou de couleur d'or éblouissant. Voilà
les deux signes dédiés au Soleil dans le
Zodiaque.

Le roi ayant la couronne d'or sur la tête,
s'élève dans le ciel & remplit de lumière
tout l'espace qui l'environne. Il triomphe
de tous ses ennemis, & foule aux pieds le
monstre à trois têtes, qui ressemblent à celle
d'un chien, d'un loup & d'un lion. Ces têtes
adhèrent à un seul corps, dont la queue ressemble à un serpent.

La tête de chien représente le mercure,
celle du loup dénote le soufre, & la tête de
lion indique la force de l'esprit salin.

La tête est le siège de l'esprit, l'on ne
saurait lui en assigner un plus convenable.
Voyez la première Clef de Basile Valentin,
& son troisième Chapitre de la Génération
occulte des Planètes, où il dit que Jupiter est
un esprit igné & sulfureux ; il explique sa seconde Clef en parlant de Latone, qui ayant
couché avec Jupiter, devint enceinte & accoucha de deux enfants, qui furent Apollon

& Diane ; mais elle fut bien tourmentée
pendant tout le temps de sa grossesse, par
la Déesse Junon, qui fut si jalouse de ce que
Jupiter avait couché avec Latone, qu'elle
envoya le serpent Python pour la dévorer.
Latone se sauva, & après avoir parcouru
toute la terre, arriva dans l'île d'Ortygie, où
elle accoucha d'Apollon & de Diane.

Pour bien comprendre le sens de l'Auteur,
il faut savoir que cette île était inondée, &
qu'elle fut desséchée par ordre de Jupiter.

En considérant les fatigues de Latone, &
l'île desséchée par ordre de Jupiter, il est aisé
de voir que tout cela signifie la soif qu'en-
dure le fétus de la pierre des Sages, qui,
comme l'île d'Ortygie, a besoin des rayons
du Soleil pour dessécher l'humidité dont il
est couvert.

Voilà pourquoi il est nécessaire de s'instruire, & d'apprendre à fond la Philosophie
hongroise, & ce que signifie la faim qu'en-
dure le Roi, & l'intention de l'Auteur quand
il parle du plomb des Philosophes, du vitriol
de Hongrie, & de l'alun de roche qu'il re-
commande d'employer préférablement à
tout autre minéral.

On ne doit pas ignorer non plus pourquoi le monstre à trois têtes d'animaux différents. Il est aisé de s'instruire à fond de tout ce qui regarde le chien, le loup & le lion, en consultant les Métamorphoses d'Ovide, les Fables Grecques, Phéniciennes & Égyptiennes, qui sont d'excellents Traités de Chimie.

Dieu a permis que personne n'ait pu connaître les propriétés de l'antimoine dont il est parlé dans le Char triomphal. Voilà pourquoi le vulgaire ignorant, qui ne veut pas se donner la peine de réfléchir sur les effets que peut produire une cause, a très souvent préparé ce minéral plutôt à la destruction du genre humain qu'à sa conservation, parce qu'il ignore la véritable manière de le préparer pour en retirer une médecine salutaire & un élixir incombustible.

Si l'on voulait se donner la peine d'examiner attentivement tous les phénomènes que présente l'antimoine de Hongrie, lorsqu'on le réduit en régule, comme nous l'avons dit ci-devant, on verrait que c'est le vrai miroir philosophique dans lequel on peut trouver l'explication de toutes les fables des Anciens.

Si vous êtes un peu intelligent, vous verrez paraître l'étoile sur le régule dès la première préparation ; mais si vous faites un feu trop violent, vous brûlerez tous les esprits, & dessécherez l'humidité mercurielle.

Si vous n'apercevez pas l'étoile, réduire en poudre le régule, & faites le fondre avec autant pesant de nitre & de tartre ; répétez cette opération jusqu'à ce que vous verrez paraître l'étoile. Manipulez la matière jusqu'à ce que les scories soient rouges ; mais ayez soin de vous garantir de la fumée, car elle est venimeuse, & cause l'étysie.

Votre régule sera préparé beaucoup plus promptement & plus parfaitement, si vous employez des cendres gravelées, au lieu du nitre & du tartre.

L'antimoine de Hongrie ainsi préparé, contient un mercure précieux ; mais ce mercure est congelé ; faites disparaître l'étoile dans le temps convenable, & vous aurez un mercure qui ressemble extérieurement au mercure des Philosophes, qui est composé d'esprit de soufre & de sel conjoints ensemble, c'est-à-dire, une réunion du principe & de la fin, dont il est plus facile d'obtenir de l'or potable, que de l'or minéral.

Basile Valentin, dans son premier Livre du Monde universel, enseigne les moyens de faire cette conjonction en bien peu de temps. Faites dissoudre, dit-il, l'esprit du mercure crud avec une chaleur douce, & le soufre sera attiré comme avec un aimant; ce soufre se trouve dans la terre, & le sel se tire de l'esprit mercuriel, comme avec son aimant naturel.

Le régule contient un acide fixe & un acide volatil : ils sont renfermés dans la matière & développés par le feu externe & par le mouvement continuel qui rassemble tous les êtres dans un même corps pour les y faire mûrir.

Ce que nous venons de dire du régule d'antimoine martial, doit suffire aux personnes éclairées pour pouvoir en retirer un avantage réel ; mais il faut lire tout ce que nous en avons dit, & ne pas se déterminer à faire une opération après avoir lu un article.

Rassemblez donc tout ce que nous avons dit du régule d'antimoine martial dans le cours de ce petit Traité, & vous serez en état de composer un souverain remède pour guérir les maladies du corps humain, & pour purifier les métaux imparfaits.

Les Philosophes connaissent deux dra-
gons qui sont d'une nature différente : l'un
a des ailes & vole jusqu'au sommet des plus
hautes montagnes, l'autre n'a point d'ailes
& rampe sur terre, dans les cavernes & dans
les minières.

Le dragon ailé est le mercure, & celui
qui n'a point d'ailes est le soufre philosophique. Voilà l'Hercule que les Interprètes
ont appelé sel des Philosophes, qui détruit
toutes les impuretés qu'il rencontre dans les
métaux imparfaits.

Tous les métaux & minéraux contiennent un acide qui les empêche de se délivrer des impuretés dont ils sont environnés
dans les minières ; voilà pourquoi il est nécessaire d'employer des alcalis pour porter
une chaleur naturelle dans des corps qui
n'ont d'autres maladies que celles qu'un
trop grand froid leur a occasionnées.

C'est pour cette même raison qu'on ajoute du fer à l'antimoine dans la confection du
régule, dans lequel il entre aussi du nitre &
du tartre qu'on fait détonner ensemble.

Le nitre se convertit en soufre, & le tartre en alcali qui absorbe l'acide ; le fer empêche le mercure de s'envoler & délivre en

même temps le soufre antimonial de son acide, & fait précipiter le mercure au fond du vase, où, comme quelques Chimistes le prétendent, il attire le soufre salin arsenical qui est de la même espèce que le soufre antimonial. C'est ce qui a fait dire à Basile Valentin qu'un poison en chasse un autre.

Plusieurs Philosophes avec Flamel, prétendent que l'apparition de l'étoile est occasionnée par l'adjonction d'une grande quantité de sels différents ; ils fondent leur raisonnement sur ce que la réunion d'un sel avec un soufre présente une forme stricte ; mais je pense que cela provient de l'affluence de l'eau mercurielle ou du sel alcali volatil interne conjoint avec la terre pure & luisante qui occasionne une congélation, & je crois que c'est à cette congélation qu'on doit attribuer l'apparition de l'étoile, préférablement à toute autre chose. C'est du moins ce qu'il semble que Basile Valentin a voulu indiquer dans sa septième Clef.

La circulation du soufre des Philosophes se fait intérieurement dans leur matière : voilà pourquoi elle exhale une odeur suave après la calcination.

Les Chimistes doivent dépouiller le mercure philosophique de son soufre impur, corrosif, dont la malignité & la mauvaise odeur qu'il exhale continuellement, absorbe l'odeur suave qui le ferait sentir sans cet obstacle, & il est impossible de procurer au mercure philosophique une vertu pénétrative sans cette préparation.

Je ne puis me dispenser d'ajouter encore ici quelques opérations sur le régule étoilé; je présenterai mes observations, de manière qu'on pourra les voir comme dans un miroir; & je pense qu'un homme intelligent, & que Dieu voudra favoriser, pourra facilement découvrir la vérité qui est contenue dans la doctrine que je présente.

Il faut savoir en premier lieu, que le plomb des Sages est infecté & souillé d'un soufre impur, dont il faut le délivrer par la calcination dans le fourneau de réverbère, ou dans un four de verrier, où il doit être brûlé & réduit en cendre. Si vous pouvez faire mourir notre roi par le feu, vous le verrez ressusciter avec un corps glorieux; alors, il sera aussi pur que les esprits célestes.

Les colombes que vous verrez paraître après la putréfaction, sont engendrées par l'esprit volatil, acide & alcali ; elles portent l'ambroisie à Jupiter, & veillent continuellement pour examiner tout ce qui se passe dans le palais du roi.

Le crible des Philosophes se présente dans la confection du régule ; les scories surnagent, & le mercure se précipite au fond du creuset, pourvu qu'on ait soin de frapper quelques coups, sur les côtés du vase, avec une baguette.

Il y a trois saisons au pôle, qui sont l'hiver, le printemps, & le commencement de l'été.

L'ouvrage philosophique est à sa fin vers le dixième mois ; pour lors, notre roi commence à ouvrir les yeux & à respirer. Voilà l'année philosophique.

Les quatre saisons de l'année philosophique, sont ordinairement appelées heure, jour, mois, & année solaire.

Le mois lunaire des Philosophes est composé de quatre semaines par rapport au cours de Vénus dans le ciel.

Les ténèbres durent environ quarante jours, au bout desquelles on voit paraître la lumière.

Toutes nos opérations doivent être ré-
glées ; elles n'ont qu'un temps, & il n'y a
qu'un travail, dès que l'entrée du palais du
roi est fermée.

Le régule doit être composé en pleine
lune & dans la saison convenable. Voilà la
voie des anciens Philosophes, par le moyen
des esprits métalliques.

L'Hercule des Philosophes est un sel né
d'un père acide & d'une mère alcaline.

Le Pluton des Philosophes est la terre
philosophique ; leur Neptune est le sel alcali
fixe, & le mercure ou le sel alcali volatil ;
leur Phœbus est le soufre incombustible qui
a résisté au feu de fusion pendant la calcination préparatoire.

Il paraît qu'Homère & Pythagore sont les
feus qui aient reçu des Égyptiens la connaissance de la pierre.

Jason, fils d'Esone & de Polymèle, fut le
héros de la Philosophie ; les victoires que
ce Prince fut obligé de remporter pour re-
couvrer son royaume ; ses voyages sur les
montagnes de la Liburnie, qu'on appelle
aujourd'hui Croatie ; sa navigation sur la
mer Adriatique, ses amours avec Créuse,
fille du Roi de Corinthe : toutes ces aven-

tures ne représentent autre chose que les différentes opérations du magistère hermétique ; on peut voir l'histoire de Jason dans les Métamorphoses d'Ovide, où elle se trouve tout entière.

Les parties intérieures de notre pierre font très pures, mais il faut en séparer les parties extérieures, qui sont impures & hétérogènes.

La pierre des Sages est fille du feu ; la terre philosophique, qu'on appelle Latone, contient de l'or & de l'argent qui ne peuvent voir le jour que par le feu.

L'odeur suave qu'exhale notre magistère dans les opérations chimiques, en une preuve certaine qu'elle est arrivée au suprême degré de pureté.

Notre Panacée est fille d'Elcalape. Les soufres de métaux contiennent un acide ainsi que le chêne.

Les bouillons rafraîchissants de Jupiter, sont la foudre & le triple esprit volatil.

L'or n'aura jamais aucun pouvoir sur les métaux inférieurs, qu'après avoir perdu sa solidité.

L'or & l'argent doivent être rendus volatils, pour pouvoir pénétrer les métaux inférieurs.

L'or & l'argent sublimés doivent avoir une forme mercurielle.

La forme de la teinture philosophique, dans le commencement de l'opération, est semblable à celle du mercure coulant, & lorsque l'opération est finie, la matière doit être réduite en poudre gommeuse.

Le vif-argent n'agit que sur soi-même, & si l'on veut qu'il ait la vertu d'agir sur les autres corps inférieurs, il faut l'animer avec un agent interne.

Le vif-argent peut dissoudre les métaux quand on l'a préparé à cet effet, & il augmente dans la dissolution après laquelle on le fait passer par le chamois avec les métaux.

Le mercure philosophique n'est composé que d'un sel pur, métallique, & d'un soufre mêlé d'embryons métalliques.

Les marcassites & l'antimoine sont des corps remplis de sels métalliques ; on reconnaît cette vérité après qu'on en a fait la dissolution.

L'agent igné est dans le fer ; & le sel réso-
lutif est dans le plomb des Philosophes.

Le sel & le soufre des métaux se trouvent dans le régule dont le mélange fait le
vrai mercure des Philosophes.

Il faut conserver soigneusement les embryons métalliques qui se trouvent dans le
soufre des métaux.

La vertu médicale des métaux confine
dans leur soufre, après qu'on l'a purgé de ses
parties arsenicales.

Le mercure philosophique contient des
parties aqueuses & terrestres dont il faut le
délivrer avant de conjoindre avec notre or.
Faites donc dissoudre notre mercure dans
son esprit, filtrez la dissolution selon l'art,
mettez-la dans un matras bien lutté, faites
distiller avec un feu lent, & vous aurez le
véritable mercure philosophique purgé de
toutes ses parties hétérogènes ; & sans cette
purgation, il est impossible d'en retirer le
moindre avantage, parce que si l'on n'en sépare pas ces ordures, il ne se conjoindra jamais avec notre or. Sans cette conjonction,
il n'y aura jamais de putréfaction, & sans
putréfaction, il n'y aura jamais de génération philosophique.

Lorsqu'on aperçoit que l'esprit s'élève dans l'œuf & qu'il ne se fixe pas avec la matière dans le temps où il devrait se fixer, il faut diminuer le feu pendant trois ou quatre jours, tout au plus ; vous verrez que l'esprit redescendra sur la terre, & qu'il s'y fixera ; pour lors vous remettrez le feu au même degré où il était auparavant, & vous le laisserez ainsi jusqu'à ce que la matière soit parvenue au rouge parfait.

Raimond Lulle dit que celui qui ne sait pas convertir notre pierre en huile ne fait rien. Cette huile de notre pierre réduit l'or en sa première matière dans l'espace de trente jours, au bain tiède.

Flamel dit que quand la pierre est parvenue au rouge pour la première fois, il faut comprendre une once qu'on incorpore avec huit onces de mercure philosophique, dans lequel on doit avoir fait dissoudre une once d'or vulgaire, bien calciné ; ce mélange d'une once de médecine parfaite, avec huit onces de mercure philosophique, & une once d'or est ce que les Philosophes appellent leur lait avec lequel ils nourrissent l'enfant philosophique. Le tout doit être bien broyé dans un mortier de verre : on le met ensuite dans un matras bien lutté, & on le fait cuire jusqu'à ce qu'il soit parvenu au rouge parfait.

Voilà la nourriture de l'enfant philosophique, ou la matière préparée pour multiplier la pierre à l'infini.

Les Philosophes n'ont jamais expliqué ces opérations postérieures d'une manière si claire, si intelligible ; j'espère que vous en profiterez, & que vous me saurez bon gré d'avoir été moins réservée que mes prédécesseurs. Je vous ai découvert toutes les manipulations les plus secrètes ; je vous ai assez dépeint la matière, pour que vous puissiez la connaître facilement, & malgré cela, je brûle d'envie de vous procurer de plus grandes lumières ; mais il m'est défendu de passer certaines bornes pour le présent.

Souvenez-vous qu'il faut un soufre martial & antimonial, pour faire le mercure des Philosophes, & que vous ne parviendrez jamais à l'accomplissement du magistère, qu'en faisant un régule mêlé de deux substances, l'une sulfureuse & l'autre arsenicale.

On rencontre de grands obstacles dans la séparation du régule d'antimoine martial ; mais il faut apprendre à les vaincre par une

méthode résolutive. Il faut savoir convertir
le régule en mercure, qu'on précipite pour
faire l'or horizontal & le soufre des philosophes, qu'il faut ensuite convertir en poudre gommeuse & fixe, pour lui procurer une
vertu pénétrative.

Voilà le véritable & unique moyen
d'exalter la teinture, & de lui donner la force d'entrer dans les corps métalliques.

On peut précipiter cette poudre pour
la résoudre en or vulgaire ; mais si l'on
voulait faire cette opération, le tiers de la
poudre s'évaporerait & serait entièrement
perdu ; c'est le sentiment de Suichten & de
Combache, qui cite cet exemple dans l'or
second livre des Propriétés de l'antimoine,
où il dit qu'on peut convertir en mercure
l'or & l'argent tirés de l'antimoine, par le
moyen du vif-argent d'antimoine, ce qu'on
ne saurait faire avec l'or & l'argent vulgaires, parce que ces métaux prétendus parfaits, tirés de l'antimoine, n'ont pas toute la
fixité qu'on veut bien leur attribuer ; c'est
pourquoi il arrive souvent, après beaucoup
de travaux, qu'on ne trouve que de l'or après
avoir cherché la poudre de projection, en
employant d'autres métaux.

La longueur & la brièveté de l'opération dépendent de la préparation du ferment; car si l'or eu bien volatilisé, il sera facile, en le mêlant avec le mercure philosophique, de faire une teinture parfaite en peu de temps.

On convertit facilement le régule en mercure, par le moyen des deux Colombes de Diane, qui sont contenues dans le premier sel qui détruit les impuretés arsenicales, & fait paraître le mercure qui a la vertu de dissoudre tous les métaux, & de les convertir en un mercure qui se coagule facilement en digérant, pourvu qu'on en sépare le soufre arsenical; par ce moyen, l'on peut faire de l'or philosophique; & c'est ce qu'on appelle abréviation en saveur des pauvres.

Nous avons déjà parlé plusieurs fois des scories qui surnagent pendant la confection du régule, & nous recommandons encore d'en avoir grand soin; faites-les bouillir dans de l'eau de pluie, que vous filtrerez & ferez évaporer pour en retirer un sel précieux; après avoir ainsi lessivé ces scories, vous le ferez calciner dans un creuset, en y ajoutant quelques morceaux de soufre commun; elles deviendront rouges comme du cinabre; vous en retirerez encore un sel beaucoup plus précieux que le premier, en les faisant bouillir avec du vinaigre distillé, que vous filtrerez & ferez évaporer.

Mêlez ces deux sels, & incorporez-les avec du soufre d'or ; faites cuire le tout dans un creuset, & vous verrez une chose qui vous surprendra agréablement.

Le régule d'antimoine martial contient une huile qui dissout les pierres précieuses, comme les émeraudes, les hématites, & autres semblables, dont on retire une teinture qui a des propriétés admirables ; & l'on prétend que cette huile est le véritable dissolvant universel qui dissout tous les corps sans ébullition. Beuher a donné une ample description des propriétés de ce dissolvant, dont on trouve la recette dans les Ouvrages de plusieurs bons Philosophes, qui n'ont pas dit tout ce qu'ils savaient sur ce sujet ; car il s'en faut beaucoup que leur recette soit entière.

Notre régule est composé de deux métaux & de deux minéraux, qui font les seuls sujets du magistère. Basile Valentin a employé les expressions obscures de Sendivogius, pour indiquer ces matières ; mais il est aisé de voir qu'il ne sort pas du règne métallique ; il indique en même temps aux enfants de l'art, un sel philosophique, qui est le plus convenable à la fermentation des métaux, le plus conforme à leur nature, & qui peut les dompter, les dissoudre sans les altérer. Ce même sel donne en même temps aux métaux une vertu pénétrative, & fortifie leur teinture métallique ; mais toutes ces opérations sont philosophiques ; & pour les faire, on ne doit rien employer qui ne soit de la même nature ; car tous ceux qui introduisent des matières d'une nature contraire, ne réussiront jamais à faire une multiplication fructueuse.

Il n'existe que deux moyens sûrs pour détruire les métaux & recueillir leurs âmes internes, selon Geber. On purifie, on tue, on ressuscite les métaux avec les métaux, & on les spiritualise. Lorsqu'ils sont dépouillés de toutes leurs terrestréités, ils deviennent or & argent vivants philosophiques, pour vivifier les métaux imparfaits, & renouveler & conserver le corps humain.

Voilà une partie des effets merveilleux qu'on peut opérer avec ce sel céleste & spirituel, par le moyen duquel d'une chose vile, corporelle & terrestre, on fait un esprit pur qui, par une vertu magnétique, attire l'esprit de l'or & de l'argent pour le transmettre dans les autres corps métalliques inférieurs, pour les éclairer & les transmuer.

Un corps métallique transmue & éclaire son semblable, ou celui qui participe de sa nature ; la transmutation le fait en or ou en argent, selon la spécification de la pierre, pour le blanc ou pour le rouge.

Van Helmont assure que l'acier contient la véritable humidité mercurielle, & exempte du corrosif, par le moyen de laquelle, sur un feu ouvert & dans un creuset ouvert, on peut fixer les soufres d'or & d'argent, en les séparant de leurs corps pour les convertir en mercure volatil, dont on fait une teinture philosophique sèche, pour transmuer tous les métaux imparfaits en or & en argent.

Tous les bons Artistes connaissent la qualité d'un métal par la couleur qu'il fait paraître, lorsqu'il est dans le feu, & ils savent régler leurs opérations en conséquence.

Tout est engendré dans les entrailles de la terre & ailleurs par le moyen d'une chaleur convenable. Les métaux, les minéraux, les pierres précieuses, proviennent d'un germe qui est développé par le moyen d'une chaleur proportionnée, & ils parviennent au degré de maturité parfaite par la même cause.

La terre se métamorphose aussi de même, & se convertit en eau limpide, & cette eau redevient terre, laquelle, étant cuite par un feu plus fort, se convertit en soufre métallique plus ou moins pur, selon sa nature ; l'œuf qui éclot, & dont il sort un poulet par la chaleur de la poule qui couve, nous présente un exemple dont nous devons faire l'application dans des circonstances convenables.

Le feu est la base & le fondement de l'art. Faites un feu poreux, digestif & continu ; mais gardez-vous bien de le faire violent ; il doit être subtil, environnant toute la matière ; il doit être renfermé, clair, aérien, pénétrant & unique, afin qu'il puisse chauffer sans brûler ni altérer.

Je vous ai indiqué toutes les voies qui conduisent au temple de la Philosophie hermétique : vous devez actuellement connaître le plomb sacré des Philosophes. Cette matière qui contient les germes de l'or & de l'argent, est le double azoth ou la magnésie universelle qui reçoit sa nourriture du

Ciel & de la Terre ; voilà pourquoi les Philosophes disent qu'elle renferme l'esprit de
Dieu, qu'il faut résoudre en liqueur saline,
pour lui donner la vertu d'agir puissamment
sur tous les êtres.

Tout ce qui est nécessaire au magistère
se trouve renfermé dans cette matière qui
paraît sous la forme d'une pierre, & qui
n'est cependant pas une pierre : elle a plutôt
la forme d'un corps métallique qui renferme
une substance spirituelle & céleste, qui a
des vertus incompréhensibles.

La santé parfaite, une longue vie, & les
trésors inépuisables dont jouissent ceux qui
pendent la pierre, ne sont rien en comparaison des autres grâces & saveurs que Dieu
accorde avec ce don précieux, qui est le
comble de sa miséricorde & de sa bonté infinie.

Voilà ce qui a fait dire à Flamel qu'il ne
pouvait se rappeler l'heureux moment où le
Seigneur l'avait comblé de tant de grâces &
de bénédictions, sans se jeter à genoux pour
le remercier, le louer & le bénir.

Je vous ai accompagné pendant le cours
des différentes saisons de l'année philosophique, & nous sommes actuellement arri-

vés vers la fin de l'automne, c'est-à-dire, sur la fin de la première opération de la pierre triangulaire, qui se trouve dans un Age viril & près de sa maturité ; à cette époque, elle est près de sa fixation au rouge parfait.

Elle n'a plus besoin d'autre chose que des rayons du Soleil pour être éclairée, enrichie, & pour acquérir une santé robuste, en attendant du Ciel la vertu qui lui est nécessaire pour vous rendre heureux.

Fin du second Volume.

TABLE

DES TITRES

Contenus dans ce Volume.

Fin de la Table du second Volume.

EXPLICATION

De la seconde Figure qui est à la page 203 du second Volume.

CETTE figure représente un roi majestueux, enveloppé d'un marteau de pourpre, destiné au plus grand roi de l'univers, ayant la couronne sur la tête ; il s'élève dans le ciel, & presque semblable au soleil, il remplit de la plus vive lumière tout l'espace qui l'environne.

Comme il a triomphé de tous ses ennemis après les plus grands travaux, (*c'est-à-dire, après toutes les opérations de la Chimie où il a passé ;*) c'est pourquoi un ange qu'on voit sortir d'un nuage enflammé, comme une aurore boréale, vient d'un vol rapide pour mettre une triple couronne de laurier sur la tête de ce roi victorieux, (*qui est l'or philosophique, l'or potable, & la médecine universelle,*) qui foule & achève d'écraser sous ses pieds un monstre horrible trois têtes, après l'avoir percé avec l'épée de Mars. (*Voyez page 95, 156, & 206, du second Volume.*) *Les ailes de l'ange représentent la volatilité de la matière avant que ce roi ou l'or fois fixé : lisez, page 25 du second Volume.*

La première tête ressemble à celle d'un gros dogue; (*elle représente le mercure :*) la seconde, à celle d'un loup; (*elle dénote le soufre des Philosophes :*) la troisième, à celle d'un lion ou d'un léopard, qui sont des animaux cruels; (*elle indique la force de l'esprit salin.*) La tête est le liège de l'esprit, où l'on ne saurait lui en assigner une plus convenable. (*Voyez la première clef de Basile Valentin & son troisième chapitre de la génération occulte des planètes, où il dit que Jupiter est un esprit igné.*)

Ces trois têtes sont adhérentes à un seul corps, dont la queue ressemble à un gros serpent en fureur, qui est écrasé par Hercule; (*c'est-à-dire, par le roi ou l'or qui l'a terrassé & mis sous ses pieds après les différentes opérations de l'artiste.*)

Autour de ce monstre épouvantable & venimeux, (*les Chimistes qui travaillent à cette opération dangereuse, lorsqu'il est en putréfaction, doivent se munir de contrepoison en cas d'accident.*) On aperçoit des petits serpents en fureur qu'il a engendrée, & qui sont précipités, dans la mer, (*c'est-à-dire dans un bain salutaire, afin qu'il achève de les purifier de leur venin,*) après avoir perdu le monstre venimeux qui les nourrit de ses rapines. (*Cela signifie une purification parfaite de l'impureté que l'artiste doit faire sortir de l'ouvrage qu'il travaille, parce que la matière doit être purifiée au suprême degré, sans quoi il ne réussira jamais.*)

Ce monstre habitait sur un rocher ou sur une montagne très élevée, située (*voyez la page 124 du second Volume*) au milieu d'une mer très agitée, (*Voyez la page 135 & 195*) par la plus horrible tempête. Ce rocher ou cette montagne est environnée de trois glandes Iles, & quoique la mer soit très orageuse, malgré cela on voit trois vaisseaux marchands, (*qui représentent le sel, le soufre, & le mercure,*) dont les matelots, (*c'est-à-dire les Chimistes & les souffleurs qui mettent tout en usage pour réussir dans leurs opérations,*) bravent le danger, & font les plus grands efforts pour entrer dans le port de ces trois îles, & leur apportent les productions étrangères dont elles ont besoin. (*A quels dangers, ne s'expose : pas les hommes ambitieux pour se procurer des richesses ? C'est ce qu'indiquent aussi les vaisseaux marchands. Et à quels travaux ne s'exposent pas encore les Chimistes vulgaires car les souffleurs, pour parvenir à se procurer de l'or ? Voyez la page 33 du second Volume.*)

L'histoire de Midas, qu'on voit dans le deuxième Livre des fables Egyptiennes, n'est pas ici hors de propos.

Il est dit que Midas était Roi de Phrygie & fils de Cybèle chercha à gagner la bienveillance de Bacchus en faisant un bon accueil à Silène. Un, jour que ce père nourricier du Dieu du vin s'était enivré, & dormait près d'une fontaine, Midas le fit lier avec une guirlande de fleurs.

On le conduisit dans cet état au Palais du Roi, qui le traita parfaitement bien, & le fit ensuite mener à Bacchus : ce Dieu sur charmé de le voir, & pour récompenser Midas, il lui offrit de lui accorder, sans exception, tour ce que ce Roi lui demanderait.

Midas, sans beaucoup réfléchir, demanda que tout ce qu'il toucherait fût changé en or. Bacchus lui donna cette propriété. Lorsque Midas voulut manger, il fut fort étonné de voir les viandes même qu'il touchait, changées en or, & par conséquent hors d'état d'en faire sa nourriture ; & craignant de mourir de faim, il eut recours à Bacchus, & le pria instamment de le délivrer d'un don si funeste.

Bacchus y consentit, & lui ordonna, pour cet effet, d'aller se laver dans le fleuve Pactole, dans la Lydie. Midas y fut, & communiqua aux eaux de ce fleuve la propriété qui lui était si onéreuse.

Chacune de ces têtes du monstre regarde une de ces îles ; (*cela signifie que ce monstre, qui est l'antimoine, est venimeux en sortant de la mine* : ennemi des hommes, & toujours prêt à dévorer & à faire périr ceux qui viennent à échouer, & à se briser contre son rocher ; (*c'est-à-dire, les ignorants qui travaillent sans principes, & à de fausses opérations qui défruitent leur fond, & ruinent leurs bourses ou celles d'autrui.*)

A l'égard du roi, qui s'est orné du manteau de pourpre, qui est la couleur la plus éclatante, les Fables nous apprennent qu'Apollon s'habilla de couleur de pourpre, lorsqu'il chanta sur sa lyre la victoire que Jupiter, & les Dieux remportèrent sut les géants ; elles nous disent encore que les Troyens couvrirent le tombeau d'Hector d'un tapis de couleur de pourpre, & que Priam porta des étoffes de couleur de pourpre en présent à Achille ; mais tout cela ne signifie autre chose que *la couleur pourprée qui survient à la matière lorsqu'elle est parfaitement fixé.* Les Philosophes l'ont ainsi appelée pourpre, rubis, phœnix, lorsqu'elle était dans cet état.

Ce roi qui est élevé au suprême degré de splendeur, (*c'est-à-dire, par les travaux de l'artiste ingénieux:*) le roi, selon les Philosophes, veut dire l'or, qui est le roi des métaux parce qu'il est le plus parfait, comme il est couronné de la triple couronne par le génie de l'Alchimie : (*cela signifie la résurrection de l'or philosophique, qui est beaucoup plus pur que celui des mines, ou la revivification qui précède la multiplication de la pierre philosophale, que l'artiste a élevé, par sa science, au suprême degré de splendeur: c'est ce qu'indique la triple couronne.*)

Le corps du serpent signifie un sel métallique : il est dit dans les Fables & les figures symboliques de la science hermétique, que les deux serpents que Junon envoya contre Hercule dans le temps qu'ils étaient encore au berceau, doivent s'entendre des sels métalliques, que l'on appelle soleil & lune, le frère & la sœur.

On les appelle serpents, parce qu'ils naissent dans la terre, qu'ils y vivent, & qu'ils y sont cachés sous des formes variées qui les couvrent comme des habits.

Ces serpents furent tués par Hercule, qui signifie le mercure Philosophique, & qui les réduit à la putréfaction dans le vase où est contenue la matière qui sert à l'opération, ce qui est une espèce de mort. (*Voyez le Dictionnaire mytho-hermétique, page* 461.)

On peut voir l'explication des trois îles qui sont près du rocher, dans le second Volume, depuis la page 44 jusqu'à 46, où il est dit que le sable d'or qu'on ramasse dans les rivières des Indes orientales, contient un soufre d'or volatil, ce soufre aurifique se trouve dans plusieurs endroits, mais en plus grande quantité & beaucoup plus mûr *dans l'île & royaume de Solor*, qui est situé dans les Molusques. L'étymologie du nom de Solor, veut dire que le terrain de ce royaume, qui est très riche dans plusieurs autres productions, est rempli d'or. Le mot *sol* veut dire une terre ou un terrain, *or*, c'est-à-dire, qui est rempli d'or, cela et confirmé depuis très longtemps par tous les Voyageurs qui sont allés dans ce royaume.

Le deuxième est celle de Lemtos. Voyez sa description, page 77 du deuxième Volume.

La description de la troisième île, qui est celle d'Ortygie, est à la page 204 du deuxième Volume.

L'épée de Mars, avec laquelle le roi a percé le monstre à trois têtes, qui est sous ses pieds. Voyez son explication à la page 194 du deuxième Volume, où il est dit : *nous avons déjà démontré ci-devant, que Mars ou le sel du fer est un aimant auxiliaire qui attire les influences célestes. Mars doit être considéré comme un miroir ardent, ou comme un rubis éclatant. Sa hallebarde & son épée représentent les esprits ignés & volatils qui sont les symboles de la pénétration : c'est ce que les anciens ont représenté par l'épée de Cadmus, fils d'Agénor, Roi de Phénicie, & par l'épée d'Achille.*

www.ingramcontent.com/pod-product-compliance
Lightning Source LLC
Chambersburg PA
CBHW030714110426
42739CB00029B/156